河南省建设工程工程量清单综合单价（2008）综合解释（续）

（A 建筑、B 装饰、C 安装、D 市政、E 园林绿化）

河南省建筑工程标准定额站　编

黄河水利出版社

·郑州·

图书在版编目（CIP）数据

河南省建设工程工程量清单综合单价（2008）综合解释（续）/ 河南省建筑工程标准定额站编. —郑州 ：黄河水利出版社，2013.7

ISBN 978-7-5509-0518-4

Ⅰ. ①河… Ⅱ. ①河… Ⅲ. ①建筑工程—工程造价—河南省—2008 Ⅳ. ①TU723.3

中国版本图书馆 CIP 数据核字（2013）第 178853 号

出 版 社：黄河水利出版社

地址:河南省郑州市顺河路黄委会综合楼 14 层　　邮政编码：450003

发行单位：黄河水利出版社

发行部电话：0371-66026940　　传真：0371-66022620

承印单位：郑州海华印务有限公司

开本：850mm×1 168mm　1/32

印张：6.875

字数：200 千字　　印数：1—20 000

版次：2013 年 7 月第 1 版　　印次：2013 年 7 月第 1 次印刷

定价：45.00 元

河南省住房和城乡建设厅文件

豫建设标〔2013〕32 号

关于印发《河南省建设工程工程量清单综合单价（2008）综合解释（续）》（A 建筑 B 装饰 C 安装 D 市政 E 园林绿化）的通知

各省辖市、省直管试点县（市）住房和城乡建设局（委）、各有关单位：

在 2009 年颁发的《河南省建设工程工程量清单综合单价（2008）综合解释》（A 建筑、B 装饰专业）的基础上，我们又将在实际工作中遇到的问题，进行了整理、归纳，经过研讨和广泛地征求意见，现作出综合解释的续集，予以印发。综合解释（续）与《河南省建设工程工程量清单综合单价（2008）》、《河南省建设工程工程量清单综合单价（2008）综合解释》配套使用。

附件：《河南省建设工程工程量清单综合单价（2008）综合解释（续）》（A 建筑、B 装饰、C 安装、D 市政、E 园林绿化）。

2013 年 6 月 20 日

河南省建设工程工程量清单综合单价（2008）

综合解释（续）

（A 建筑、B 装饰、C 安装、D 市政、E 园林绿化）

审核人员名单： 郜顺利　张丽萍　孙惠民　王瑞兴　朱　军　张天峰　王仲辉

编写人员名单：

建筑工程： 张丽萍　孙冬云　祁慧增　何丽娜　李文秀　张　霞　宋福生　魏冬梅　史庆明　梁　萍　李　满　张保强

装饰工程： 张莲敏　王红革　李旭华　吴宗于　王东义　靳晓霞　秦慧丽　苏　岚　张　军　朱耀美

安装工程： 王仲辉　贾庆鑫　董　忠　胡永涛　刘煜众　戴西陵　张彦强　谷金榜　李　梅　张全生

市政工程： 徐佩莹　赵忠爱　张　一　吴晓颖　庞立新　李文英　王建国　孙达飞　刘震华　李晓磊　王玉杰　张学伟　岳　枫　高晓峰　牛俊宝　徐学霞　白丽娜

园林工程： 马香红　王　晗　王亚平　胡文辉　卫现刚　娄　崇　戚锦华　孙景凡　李　朋　张　鹏

目　录

《河南省建设工程工程量清单综合单价（2008）》

A 建筑工程、B 装饰工程综合解释汇编

第一部分　A 建筑工程、B 装饰工程综合解释

第二部分　补充子目

第三部分　勘误

第一部分　A 建筑工程、 B 装饰工程综合解释

一、引用定额的简称

《河南省建设工程工程量清单综合单价（2008）》为《08 综合单价》。

《河南省建设工程工程量清单综合单价（2008）综合解释 A 建筑、B 装饰专业》（09 版）为《08 综合解释》。

二、总说明

1.包工不包料工程的费用如何计算？

答：由施工企业与劳务企业公司自行协商。

2.垃圾清理及外运费如何计算？

答：施工造成的建筑垃圾，由施工单位负责清理，并运至建设现场内的指定地点堆放；垃圾外运费用办理签证由建设单位负担。

三、建筑面积

1.有栏板或栏杆楼层的外走廊以及首层的外走廊如何计算建筑面积？

答：执行《建筑工程面积计算规范》3.0.11 条“有永久性顶盖无围护结构的按其结构底板水平面积的 1/2 计算”。

2.剪刀楼梯如何计算建筑面积？

答：执行《建筑工程面积计算规范》3.0.15 条“按建筑物的自然层计算”。

3.落地飘窗是否计算建筑面积？

答：落地飘窗按照《建筑工程面积计算规范》2.0.15 条和 3.0.11 落地橱窗的规定，即按其围护结构外围水平面积计算。层高在 2.2m 及以上者计算全面积；层高不足 2.2m 者应计算 1/2 面积。

四、各分部工程

A.1　土（石）方工程

1.《08 综合解释》中的“1-B4　回填土夯填　”与《08 综合单价》中的“1-127　回填土夯填　”之间有什么不同？

答：取消 1-127 定额子目。

2.《08 综合解释》第 4 页第 5 条：有关工作面和放坡工程量可以另列措施清单项目计算，也可计入挖土方的综合单价内，能否进行统一规定？

答：工作面和放坡的挖填量统一规定另列项目计算。

3.基础大面积采用 3：7 灰土进行换填，如何套定额？

答：厚 0.7m 以内的基础换填执行第 221 页第 17 条之规定；厚 0.7m 以上的基础换填执行 1-58 定额子目。

4.地下室外墙外侧回填 3：7 灰土，是否可以套用 1-58 定额子目？

答：地下室外墙外侧回填 3：7 灰土，是用作结构的辅助抗渗层，可以执行 1-58 定额子目。

5.复合地基中的砂石褥垫层（不足 0.7m 厚）如何套用定额？

答：执行第 221 页第 17 条之规定。

6.第 14 页第二.3 条：“平整场地按设计图示尺寸以建筑物首层面积计算”，如建筑物带地下室，能否按地下室面积计算？

答：可按地下室建筑面积计算场地平整。

7.机械挖淤泥、流沙时能否计取 10%人工配合费？

答：不能计取。

8.反铲挖掘机挖淤泥、流沙，如何套定额子目？

答：仍执行 1-64 和 1-65 定额子目。

9.大开挖土方的人工配合部分套定额子目时，其定额子目深度如何确定？随大开挖总深度还是按 1.5m 以内？

答：随机械大开挖的人工配合土方按总深度。单独自基坑底人工向下挖的部分按自身深度计算。基坑内的土方运输可另列项目计算。

10.汽车外运土方按定额子目计价，与实际市场价格偏差较大，是否制定调整办法和运费标准？

答：双方有约定的按约定执行，无约定的执行定额子目。

11.凿、截桩子目的凿、截长度定额有无规定？实际需分段凿截的如何计价？

答：定额是按正常施工考虑，如果属于土分层开挖，桩分层截断，按实际情况做签证处理。

12.机械挖桩间土是否使用“机械挖土方工程量按机械挖土方 90%，人工挖土方 10%”的规定？

答：不适用。

13.凿（截）灰土挤密桩执行什么定额？

答：执行 1-61 定额子目。

A.2　桩与地基基础工程

1.建筑物带地下室先大开挖，然后再打桩，是否执行第 73 页第十二条规定？

答：是。

2.第 75 页第二十条："水泥粉煤灰碎石桩（CFG 桩）"，如果混凝土配合比不同时可否换算？

答：按设计要求可换算配比，其他不变。

3. 2-62 和 2-63 CFG 桩子目中的钢管，与实际不符，能否调整？

答：取消 2-62 和 2-63 定额中的钢管材料及其消耗量。

4.沉管灌注桩、长螺旋机钻孔灌注桩以及人工挖孔桩入岩费能否参考泥浆护壁钻孔灌注桩的入岩费计算？

答：不可以。

5.《08 综合单价》A.2 说明第二十二条 4 规定："基坑深度大于 6m 时，人工乘以系数 1.3"，指的是全部工程量还是 6m 以下的工程量？是不是锚杆、喷射混凝土、土钉支护都要乘系数 1.3？

答：指的是全部工程量，锚杆、喷射混凝土、土钉支护相关子目人工都要乘以 1.3。

6.夯实水泥土桩如何执行定额？

答：参照执行 2-56 和 2-57 定额子目。

7.桩钢筋笼子目，主筋长度大于钢筋定尺时的接头焊接费用是否已经包含在综合单价内？

答：已综合考虑在综合单价内。

8.桩基工程中，计算规则规定工程量按设计图示尺寸计算，若图纸中标注有"最上面 500mm 凿掉"，是否也视为图示尺寸？该部分是否计算工程量?

答：图示注明的应计算在工程量中。

9.定额水平调整：定额子目 2-33 至 2-38 与实际出入较大，其中对潜水钻机台班消耗量进行调整，由此涉及的综合工日、管理费、利润和基价做相应调整，详见勘误 2-X33 至 2-X38（注：X 为修正）。

A.3 砌筑工程

1.第 150 页第七条："厚度在一砖以上的砖围墙执行相应的砖墙子目"，如设计要求勾缝的，是否按 3-21 和 3-22 套用墙面勾缝定额子目？

答：可以。

2.混凝土小型空心砌块中插筋执行什么定额？

答：插筋执行 4-174 和 4-175 定额子目。

A.4 混凝土及钢筋混凝土工程

1.4-188 电渣压力焊接头定额子目的单价和市场价差距较大，是否可以调整？

答：电渣压力焊执行补充定额 4-B6,同时停止 4-188 子目的使用，保留 4-188 定额相关的工作内容、计算规则和计算说明。

2.实际钢筋施工中采用闪光压力焊、闪光对焊是否计取电焊接头费用？

答：定额已经包括了这部分费用，不再另行计取。

3.满堂基础上的设备基础如何套用定额？

答：设备基础同满堂基础一起浇注时，可执行有梁式满堂基础定额。

4.第 220 页第二.7 条："脖高大于 1m 的高脖子杯形基础应分别执行基础、柱的相应子目"，其中基础是执行独立基础还是执行杯形基础子目？

答：执行杯形基础 4-12 定额子目。

5.第 376 页 4-182 桩基钢筋笼子目中的钢筋含量，如与设计不同时，可否换算？

答：在钢筋总量不变的情况下，调整钢筋规格。

6.短肢剪力墙结构住宅的楼层梁板由同墙厚的暗梁支撑，执行平板还是有梁板？

答：执行平板定额子目。

7.定额中梁板柱的超高是按结构标高还是建筑标高考虑的？

答：按结构标高。

8.端柱可否套用异形柱定额子目？

答：符合定额第 220 页第 8 条规定的可执行异形柱定额子目，否则不能执行异形柱定额子目。

9.不足 120mm 的素混凝土门垛，可否套用 4-49 门框定额子目？

答：可以。

10.某工程设计的雨篷有上翻 500mm 高的翻沿（100mm 厚），如何执行定额子目？

答：并入雨篷的工程量内。

11.预埋螺栓以质量计量，是否考虑按个计量？

答：执行定额规定。

12.高层住宅中的排烟道在屋面出口处安装风帽，如何计价？

答：按成品价列入税前造价。

13.《08 综合解释》第 10 页 5 条“短肢剪力墙内的暗梁如厚度与墙相同，应并入墙体计算。凸出或凹进墙面的梁可单独计算”，凸出或凹进墙面的梁单独计算时，是仅计算凸出和凹进的部分？还是整个梁体单独计算另套子目？

答：仅计算凸出和凹进的部分。

14.A.4 短肢剪力墙执行墙的子目，人工乘以系数 1.025，电梯井壁墙是否也执行此规定？

答：不适用于电梯井壁。

15.飘窗板执行什么定额子目？

答：执行雨篷定额子目。

16.混凝土栏板上的扶手是并入栏板内还是单独按压顶计算？

答：执行 4-52 扶手子目。

17.挑檐上的上下立板是并入挑檐内还是按栏板计算？

答：并入挑檐工程量内。

18.如果预埋螺栓、铁件为成品，如何计取安装费？

答：执行定额。

19.预制混凝土窨井盖板、雨水口盖板安装，如何执行定额？

答：参照 9-126 铸铁盖板安装窨井子目，将子目中的铸铁井盖改为预制混凝土井盖。

20.《08 综合单价》221 页 13 条：大坡现浇屋面有梁的板，执行有梁板子目。砖混结构坡屋面局部设单梁，四周为圈梁，砖混结构大坡现浇屋面板如何执行第 221 页 13 条？

答：砖混结构大坡现浇屋面板下的圈梁执行圈梁定额。带梁的板执行有梁板子目，无梁的板执行平板定额。

21.商品混凝土运距 4.4km，套用 4-195（运距 3km 以内）子目后，剩余 1.4km，是按 1.4km 套用 4-196（运距每增加 1km）子目还是按 2km 套用该子目？

答：按 4-196 子目乘以系数 2。

22.《08 综合解释》13 页 25 条规定："采用工程量清单计价时……工程量为清单工程量乘以 1.015"，但综合单价中基础混凝土垫层等个别子目中混凝土消耗量为 1.010，应按哪个执行？

答：按定额中消耗量。

23.阶梯教室中台阶子目如何套定额？

答：悬空现浇阶梯台阶，悬空部分参照《08 综合解释》第 10 页第 8 条规定。非悬空可参照台阶子目，混凝土量可调整。

24.热镀锌铁件如何执行定额？

答：套铁件定额子目，换算材料。

A.6 金属结构工程

1.第 451 页第三.7 条："单层建筑物屋盖系统构件必须在跨外安装时，相应构件子目安装部分的人工、机械台班乘以系数 1.15"，其中"机械台班"是全部机械、还是仅指起重机械？

答：全部机械。

2.第 451 页第 9 条安装高度超过 5m 时，相应子目乘系数，超过部分的工程量是按总工程量计算还是按 5m 以上部分的工程量计算？

答：按总工程量计算。

3.单轨吊车梁执行土建定额中的钢吊车梁定额，还是执行安装定额中的单轨吊车梁定额？

答：执行土建定额 6-14 制动梁子目。

4.钢结构屋面采光板如何计价？

答：由建施双方协商解决。

5.钢构件定额子目中包括涂刷一遍防锈漆的工料，问防锈漆的人工费是多少？如果设计要求不刷防锈漆（刷其他漆）是否只扣除防锈漆的工料即可？

答：参照装饰装修工程的油漆定额进行调整。

6.金属构件如设计要求喷砂除锈和探伤时，另执行安装定额，工程量是否等于钢构件制作工程量？

答：是。

7.钢网架安装超出 3.6m 高时，安装费是否增加？

答：仍执行定额。

A.7 屋面及防水工程

1.执行屋面、基础底板防水卷材子目，有上下翻梁时，卷材防水含量能否按实调整？

答：允许调整用量。

2.框架结构加气混凝土砌块与框架梁、框架柱连接处铺钉 300mm 宽钢丝网片执行定额时墙面、柱面分别套还是合并套子目？

答：分别套用相应定额子目。

A.8 防腐、隔热、保温工程

1.地下室天棚天棚（05YJ1 顶 31）配套胶粘剂粘贴 50 厚聚苯乙烯板，如何套用子目？

答：借用 8-190 换算，增加工日 2.87 工日/100m^2 和胶粘剂材料。

2.建筑工程下册 801 页子目 8-210 和 8-211 胶粉聚苯颗粒外墙面，厚度不同时是否可以调整？

答：设计有特殊要求时，定额用量可以调整。

3.定额水平调整：对定额子目 8-207 和 8-208 的定额工日消耗量进行调整，由此涉及的综合工日、管理费、利润和基价做相应调整，详见勘误 8-X207 和 8-X208（注：X 为修正）。

YA.9　室外工程

1.建筑 YA.9 室外工程 9-23，混凝土路面切缝的深度是否能调整？

答：定额为综合取定，不调整。

2.碎石路面垫层如何套用子目？

答：参照路基级配砂石垫层 9-9 子目，删除砂石和粘土，增加碎石 $13m^3/10m^3$。

YA.11　建筑物超高施工增加费

1.第 955 页第七条："单独承包装饰工程的超高费执行装饰工程超高费子目"，是否适用于新建工程的专业分包装饰工程？

答：不适用。

YA.12　建筑工程措施项目费

1.地下室现浇钢筋混凝土墙（池壁）使用复合模板施工，设计混凝土为防水混凝土，必须一次浇筑，固定模板所用拉杆螺栓为一次性使用，如何计价？

答：定额已包括拉杆螺栓的费用，实际用量不同可以调整。

2.有防水的筏板基础、条形基础以及独立基础，实际施工用砖胎膜，费用是否另计？

答：不另计算费用。

3.金属结构构件的垂直运输费与脚手架费如何计取？

答：垂直运输费不另计；脚手架费按照施工组织设计执行单项脚手架定额。

4.工程施工采用竹胶模，定额如何换算？

答：定额规定采用模板不同时，不得换算。

5.定额分析出的钢模板、钢支撑、钢管等周转性材料是否可以调材料价差？

答：可以。

6.有地下室的筏板（2m厚）是否计算单项脚手架？

答：不计算。

7.梁、板、柱、墙模板是按层高3.6m编制的，层高超过3.6m时计算超高增加费，超高部分的工程量是按整个工程量计算还是按3.6m以上超高部分的工程量计算？

答：整体工程量。

8.构造柱和圈梁是否计算楼层超高费？

答：不计。

9.有梁板层高超高时，如何套定额？

答：梁、板工程量合并后套用板的超高子目12-108。

10.砖基础能否计取单项脚手架费用？

答：无地下室的基础高度超过1.2m的可计算。

11.施工现场设混凝土搅拌站，并使用混凝土搅拌站进行搅拌，问现场搅拌混凝土加工费如何计算？

答：现场搅拌混凝土加工费执行4-197子目。

12.关于外墙脚手架的计算规则：定额说明外墙脚手架的高度是从设计室外地坪至檐口的高度，如果建筑物外有通长台阶，设计室外地坪是指台阶上表面标高还是自然地坪标高？

答：设计室外地坪标高。

13.混凝土的柱、墙体和板施工中传统钢模板已被复合模板代替，后装墙体处的柱子模板支设时，该部位拉结筋因支设模板受影响不预留，在后期装墙前植筋施工（定位、钻孔、打环氧树脂胶），该费用如何计取？

答：定额已按预留（预埋）考虑了拉结筋工料，采用植筋方式不再另计费。

14.设计为过街楼的底层按规定不计算面积，综合脚手架也未计取相应过街楼的面积，那么底层框架柱是否应单独计取脚手架费用？

答：可以计算。

15.综合脚手架是按建筑面积计算的，而屋面女儿墙不计算建筑面积，脚手架是否可另计？

答：建筑物脚手架应按定额规定计取，女儿墙的高度超过 1.2m 时，可另计算单项脚手架。

16.两层及两层以上的地下室外墙做防水及保护层，脚手架如何计算？

答：单层地下室外墙做防水及保护层的，脚手架执行《08 综合解释》第 23 页第 16 条规定；两层及两层以上地下室外墙做防水及保护层的脚手架，可另计算单项脚手架。

17.综合脚手架计算规则补充如下说明：有墙体、门窗封闭的阳台，计算综合脚手架时按其外围水平投影面积计算。（仅限于计算综合脚手架，不适用于计算建筑面积）

B.1　楼地面工程

1.块料楼地面若设计砂浆找平层厚度与子目含量（20mm 厚）不符，是否可以按照比例调整？

答：可以，执行建筑工程相应定额。

2.楼梯栏杆扶手子目中是否含有预埋铁件的工料费用？

答：不含。

B.2　墙、柱面工程

1. 2-91 子目是否适用于钢结构（不依附于墙体）的干挂石材钢架？

答：可以。

2.风井、管井内壁随砌随抹光如何执行定额？

答：借用 2-20 或 2-25 子目，换算砂浆种类。

3.拉索幕墙定额内是否考虑减震装置费用？

答：定额 2-222 不包括减震装置费用，发生时根据设计增加减震装置材料及其安装费用，价格双方商议，签证处理。

4.钢架上干挂墙砖如何套定额？

答：借用 2-66 和 2-67 子目换算。

B.3　天棚工程

1.采光天棚（钢结构）施工采用驳接爪连接方式，如何套用定额？

答：借用 2-221 子目换算。

B.4　门窗工程

1.金属门窗上亮、侧亮的高度与宽度大于 600 者是否按 02 定额执行固定窗子目？

答：执行一个子目，不拆分，通过调整成品门窗的材料价格解决。

B.5　油漆、涂料、裱糊工程

1.混凝土的天棚面和墙面上直接刮腻子，如何计价？

答：见综合解释补充定额。

2.钢结构刷氯磺化防腐漆如何执行定额？

答：借用工艺相同的金属构件刷漆子目，调整漆的价格。

3.B5 分部的子目是否包括层高 3.6m 以内的简易脚手架？

答：是。

4.钢构件油漆工程量是否等于钢构件制作工程量？

答：执行计算规则。

5.金属结构刷防火涂料按构件设计图示尺寸以展开面积计算，是否有误？

答：执行定额。

B.6　其他工程

1.6-42 子目磨倒角边综合单价 3657.50 元/100m，同市场价差距较大（市场询价 5～8 元/m），是否应分材料规格、厚度编制？

答：定额 6-42 至 6-44 子目适用于现场加工。鉴于目前磨边已经市场化，磨边费用含在材料价格内，不再另计。

其他问题

1.执行《08 综合单价》，建筑和装饰定额中没有相应子目，但安装、市政、园林绿化定额中有相应子目，是否可借用？

答：可以。

综合解释补充定额的计算规则和说明

A 建筑工程

Y010202007 三轴水泥搅拌桩(m^3)：

工程量计算规则：按设计桩长乘以设计截面积以立方米计算。水泥掺量与设计不同时允许调整。

Y010202008 水泥碎石微型桩(m)：

工程量计算规则：按设计桩长以延长米计算。

Y010203006 现浇混凝土钻孔灌注桩复合压浆(m^3)：

工程量计算规则：按实际注浆量（现场签证）计算，定额中的量已考虑损耗 5%。

现浇混凝土钻孔灌注桩注浆管(m)：

工程量计算规则：按注浆管实际延长米计算。定额中已考虑损耗。

010405009 其他板(m^3)：

计算规则：按图示尺寸以体积计算，扣除空心处所占体积。

说明：空心率按 30%考虑，设计空心率与定额不同时，人工、高强塑料管按比例换算，其他不变。

Y010416009 钢筋接头（个）

计算规则：执行 A.4 分部四.3 钢筋接头的计算规则和相关说明。

Y010703005 水泥基渗透结晶涂料、涂膜(m^2):

计算规则：按设计图示尺寸以面积计算。

Y011262 满堂式钢管支架(m^3):

计算规则：按搭设空间体积以立方米计算。定额按 50kg/m^3 考虑（含扣件等），数量不同时可以按照比例增减。

B 装饰工程

Y020101005 环氧涂层地面(m^2):

计算规则：执行 B.1 楼地面工程中整体面层的计算规则第一条和相关说明。

Y020101006 金刚砂耐磨楼地面(m^2):

计算规则：执行 B.1 楼地面工程中整体面层的计算规则第一条和相关说明。

Y020101007 自流坪地面(m^2):

计算规则：执行 B.1 楼地面工程中整体面层的计算规则第一条和相关说明。

说明：环氧自流地坪施工厚度按底漆 0.2mm、面漆 1mm 考虑，实际不同时，可按设计要求量调整主材用量，其他不变。水泥自流地坪厚度按 3~5mm 考虑。

Y020103005 塑胶地面(m^2):

计算规则：执行 B.1 楼地面工程中整体面层的计算规则第二条和相关说明。

Y020106007 金刚砂耐磨楼梯面层(m^2):

计算规则：执行 B.1 楼地面工程中整体面层的计算规则第四条和相关说明。

020505001 金属面油漆（t/m^2）

计算规则：执行 B.5 分部金属面油漆的计算规则和相关说明。

020507001　喷、刷涂料真石漆（m^2）

计算规则：执行 B.5 分部抹灰面油漆、刷涂料的计算规则和相关说明。

第二部分　补充子目

A.2　桩与地基基础工程

A.2.2　其他桩（010202）

Y010202007　三轴水泥搅拌桩（m^3）

工作内容：测量放线、桩机位移，挖掘机挖沟槽，定位钻进、喷浆、搅拌、成孔、提升、调制水泥浆、输送、压浆、除浮浆。

单位:m^3

定额编号				2-B9
项目				三轴水泥搅拌桩
				φ850
				(水泥掺量43%)
综合单价（元）				457.57
其中	人工费（元）			23.61
	材料费（元）			279.42
	机械费（元）			139.20
	管理费（元）			8.95
	利润（元）			6.39
名称		单位	单价(元)	数量
综合工日		工日	43.00	(0.71)
定额工日		工日	43.00	0.549
施工板方材 木模板		m^3	1500.00	0.001

续表

单位:m^3

定额编号			2-B9
项目			三轴水泥搅拌桩
			φ850
			(水泥掺量 43%)
名称	单位	单价(元)	数量
水泥 42.5	t	320.00	0.789
水	m^3	4.05	1.497
粉煤灰	kg	0.20	39.450
外加剂	元	1.00	3.140
其他材料费	元	1.00	8.350
SMW 工法桩机三轴钻	台班	4524.60	0.023
灰浆搅拌机 200L	台班	61.82	0.048
灰浆输送泵 挤压式 $3m^3/h$	台班	91.18	0.035
电动空气压缩机 $10m^3/min$	台班	372.17	0.035
履带式单斗挖掘机(液压) 斗容量 $1m^3$	台班	964.88	0.010
直流电焊机 14kW	台班	90.22	0.023
泥浆泵 Φ100	台班	183.80	0.023

Y010202008　水泥碎石微型桩(m)

工作内容：孔点测定，钻孔机具安装、移动、拆除、钻孔注浆、加工、安放等全过程。

单位:10m

定额编号				2-B10
项目				水泥碎石微型桩 (φ150mm 以内)
综合单价（元）				1018.34
其中	人工费（元）			387.00
	材料费（元）			274.09
	机械费（元）			147.73
	管理费（元）			122.22
	利润（元）			87.30
名称		单位	单价(元)	数量
综合工日		工日	43.00	(9.70)
定额工日		工日	43.00	9.000
水泥 32.5		t	280.00	0.200
钢管 Φ50		m	16.00	10.000
电焊条 (综合)		kg	4.00	0.920
高压胶皮管		m	40.00	0.800

续表

单位:10m

定额编号			2-B10
项目			水泥碎石微型桩
			(Φ150mm 以内)
名称	单位	单价(元)	数量
碎石 20～40mm	m^3	50.00	0.180
粉煤灰	kg	0.20	0.618
水	m^3	4.05	1.500
其他材料费	元	1.00	7.210
液压注浆泵 YHB50/50	台班	130.46	0.210
灰浆搅拌机 200L	台班	61.82	0.250
电焊机 轻型	台班	95.07	0.240
污水泵 Φ100	台班	93.69	0.810
套丝机 螺栓 Φ39	台班	25.71	0.240

A.2.3 地基与边坡处理（010203）

Y010203006 现浇混凝土钻孔灌注桩复合压浆（m³）

工作内容： 水泥浆配制和拌和，管道压浆等全部过程；镀锌管、钢丝管、三通管安装定位固定，缠裹接头，抽拔，清洗管道，清孔等全部过程。

单位:m³

定额编号			2-B11	2-B12
项目			现浇混凝土钻孔灌注桩	
			复合压浆	注浆管(m)
综合单价（元）			727.76	10.30
其中 人工费（元）			148.65	2.97
其中 材料费（元）			446.51	5.84
其中 机械费（元）			47.30	—
其中 管理费（元）			49.76	0.87
其中 利润（元）			35.54	0.62
名称	单位	单价(元)	数量	
综合工日	工日	43.00	(3.95)	(0.07)
定额工日	工日	43.00	3.457	0.069

续表

单位:m^3

定额编号			2-B11	2-B12
项目			现浇混凝土钻孔灌注桩	
			复合压浆	注浆管(m)
名称	单位	单价(元)	数量	
钢丝管 50	m	4.00	—	0.187
素水泥浆	m^3	421.78	1.050	—
注浆焊管 DN25	m	4.37	—	1.015
水	m^3	4.05	0.900	—
其他材料费	元	1.00	—	0.660
液压注浆泵 YHB50/50	台班	130.46	0.246	—
灰浆搅拌机 200L	台班	61.82	0.246	—

A.4　混凝土及钢筋混凝土工程

A.4.5　现浇混凝土板（010405）

010405009　其他板(m^3)

工作内容：内膜安装，混凝土浇捣、养护。

单位:$10m^3$

定额编号			4-B4	4-B5
项目			空心楼盖	
			高 350mm	高 450mm
综合单价（元）			3240.33	3276.21
其中 人工费（元）			434.73	434.73
其中 材料费（元）			2342.91	2378.79
其中 机械费（元）			20.88	20.88
其中 管理费（元）			239.61	239.61
其中 利润（元）			202.20	202.20
名称	单位	单价(元)	数量	
综合工日	工日	43.00	(10.11)	(10.11)
定额工日	工日	43.00	10.110	10.110

续表

单位:$10m^3$

定额编号			4-B4	4-B5
项目			空心楼盖	
			高 350mm	高 450mm
名称	单位	单价(元)	数量	
GZ 高强塑料管Φ200	m	3.60	137.300	—
GZ 高强塑料管Φ300	m	5.80	—	92.600
水	m^3	4.05	7.880	6.170
现浇碎石混凝土 粒径≤40(32.5 水泥) C20	m^3	170.97	10.100	10.100
其他材料费	元	1.00	89.920	89.920
混凝土振捣器 平板式	台班	12.89	1.620	1.620

A. 4. 16　钢筋工程

Y010416009　钢筋接头(个)

工作内容：钢筋搬运、焊接等。

单位:10 个

定额编号				4-B6
项目				电渣压力焊接头
综合单价（元）				42.09
其中	人工费（元）			10.11
	材料费（元）			5.52
	机械费（元）			16.86
	管理费（元）			6.40
	利润（元）			3.20
名称		单位	单价(元)	数量
综合工日		工日	43.00	(0.32)
定额工日		工日	43.00	0.235

续表　　　　　　　　　　　　　　　　　　　　　　　　　　单位:10个

定　额　编　号			4-B6
项　　　目			电渣压力焊接头
名　　称	单位	单价(元)	数　　量
钢筋 Φ10以外 ⅡⅢ级	kg	3.40	0.800
焊剂 电渣压力焊接用	kg	4.50	0.200
石棉垫 电渣压力焊接用	kg	4.00	0.100
电焊条 (综合)	kg	4.00	0.110
其他材料费	元	1.00	1.060
直流弧焊机 32kW	台班	127.51	0.010
电渣焊机 1000A	台班	207.77	0.075

A.7 屋面及防水工程

A.7.3 墙、地面防水、防潮（010703）

Y010703005 水泥基渗透结晶涂料、涂膜(m^2)

工作内容：清理基层，调制涂料，涂刷防水层，水性渗透型无机混凝土防水材料喷涂。

单位:100m²

定额编号				7-B6	7-B7
项目				水泥基渗透结晶涂料	
				涂膜厚 1mm	每增减 0.1mm
综合单价（元）				3179.49	318.32
其中	人工费（元）			267.89	26.66
	材料费（元）			2739.65	274.55
	机械费（元）			—	—
	管理费（元）			90.96	9.05
	利润（元）			80.99	8.06
名称		单位	单价(元)	数量	
综合工日		工日	43.00	(6.23)	(0.62)
定额工日		工日	43.00	6.230	0.620
水泥基涂料		kg	18.00	150.000	15.000
其他材料费		元	1.00	39.650	4.550

YA.12　建筑工程措施项目费

YA.12.6　脚手架使用费（Y01126）

Y011262　单项脚手架

工作内容：平整场地，搭、拆钢管支架，材料堆放等。

单位:$100m^3$

定额编号				12-B2
项目				满堂钢管支架
综合单价（元）				1581.81
其中	人工费（元）			747.77
	材料费（元）			293.96
	机械费（元）			74.38
	管理费（元）			289.30
	利润（元）			176.40
名称		单位	单价(元)	数量
综合工日		工日	43.00	17.64
定额工日		工日	43.00	17.390

续表 单位:100m³

定额编号			12-B2
项目			满堂钢管支架
名称	单位	单价(元)	数量
钢管脚手 Φ48×3.5	t	5800.00	0.019
钢管扣件 直角	个	5.00	4.830
钢管扣件 对接	个	5.00	0.560
钢管扣件 回转	个	5.00	0.650
钢管底座	个	4.00	0.310
其他材料费	元	1.00	150.000
载重汽车 4t	台班	297.51	0.25

B.1 楼地面工程

B.1.1 整体面层（020101）

Y020101005 环氧涂层地面（m^2）

工作内容：清理基层，配料，刮腻子，刷涂料等。

单位：$100m^2$

定额编号				1-B3	1-B4
项目				环氧涂层地面	
				厚度	
				1mm	每增减 0.5mm
综合单价（元）				2245.31	863.21
其中	人工费（元）			442.90	68.80
	材料费（元）			1220.04	605.50
	机械费（元）			300.15	145.07
	管理费（元）			168.92	26.24
	利润（元）			113.30	17.60
名称		单位	单价(元)	数量	
综合工日		工日	43.00	(10.30)	(1.60)
定额工日		工日	43.00	10.300	1.600

续表

单位：$100m^2$

定额编号			1-B3	1-B4
项目			环氧涂层地面	
			厚度	
			1mm	每增减 0.5mm
名称	单位	单价(元)	数量	
环氧腻子	kg	7.04	1.000	—
环氧涂料	kg	25.00	48.200	24.100
其他材料费	元	1.00	8.000	3.000
轴流电机	台班	33.35	9.000	4.350

Y020101006　金刚砂耐磨楼地面(m^2)

工作内容：清理基层、调运砂浆、刷素水泥浆、抹面、压光、养护。

单位:$100m^2$

定　额　编　号				1-B5
项　　目				金刚砂耐磨楼地面
综　合　单　价（元）				5710.40
其中	人　工　费（元）			640.27
	材　料　费（元）			4631.81
	机　械　费（元）			21.02
	管　理　费（元）			249.77
	利　　润（元）			167.53
名　称		单位	单价(元)	数　量
综合工日		工日	43.00	(15.23)
定额工日		工日	43.00	14.890

续表

单位:100m²

定额编号			1-B5
项目			金刚砂耐磨楼地面
名称	单位	单价(元)	数量
水泥砂浆 1:1	m^3	264.66	0.204
水泥砂浆 1:2	m^3	229.62	1.520
素水泥浆	m^3	421.78	0.100
黑炭金刚砂	kg	8.00	510.000
其他材料费	元	1.00	106.620
灰浆搅拌机 200L	台班	61.82	0.340

Y020101007　自流地坪地面(m^2)

工作内容：清理处理地面，打磨除尘，补腻子，分层涂刷，漫刀刮面。

单位:$100m^2$

定额编号				1-B6	1-B7
项目				自流地坪地面	
				环氧	水泥
综合单价(元)				**4515.66**	**801.49**
其中	人工费(元)			387.00	141.04
	材料费(元)			3865.28	553.80
	机械费(元)			16.78	16.78
	管理费(元)			147.60	53.79
	利润(元)			99.00	36.08
名称		单位	单价(元)	数量	
综合工日		工日	43.00	(9.00)	(3.28)
定额工日		工日	43.00	9.000	3.280

续表　　　　　　　　　　　　　　　　　　　　　　　　　　　　　　　单位:100m²

定额编号			1-B6	1-B7
项目			自流地坪地面	
			环氧	水泥
名称	单位	单价(元)	数量	
环氧面漆	kg	20.05	99.000	—
环氧底漆	kg	13.56	22.000	—
环氧中漆	kg	16.50	93.500	—
水泥自流平混合料	kg	1.30	—	420.000
其他材料费	元	1.00	39.260	7.800
平面磨石机 3kW	台班	20.97	0.800	0.800

B.1.3　橡塑面层（020103）

Y020103005　塑胶地面（m^2）

工作内容：清理基层，涂刷基层、面层，净面等全部操作过程。

单位：$100m^2$

定额编号				1-B8	1-B9
项目				塑胶地面	
				厚度	
				9mm	每增减 1mm
综合单价（元）				11425.11	1029.44
其中	人工费（元）			885.80	98.04
	材料费（元）			9748.01	841.70
	机械费（元）			199.46	23.94
	管理费（元）			354.24	39.36
	利润（元）			237.60	26.40
名称		单位	单价（元）	数量	
综合工日		工日	43.00	(21.60)	(2.40)
定额工日		工日	43.00	20.600	2.280
预聚体（甲组分）		kg	18.50	169.000	14.600
色浆（乙组分）		kg	4.86	677.000	58.400
催化剂		kg	18.00	6.000	0.600

续表

单位：$100m^2$

定额编号			1-B8	1-B9
项目			塑胶地面	
			厚度	
			9mm	每增减1mm
名称	单位	单价(元)	数量	
红胶粒	kg	6.50	197.000	17.000
黑胶粒	kg	6.50	283.000	24.400
溶剂	kg	4.50	5.000	0.400
其他材料费	元	1.00	80.790	6.080
电动空气压缩机 $1m^3/min$	台班	85.73	1.000	0.120
塑胶搅拌机	台班	22.97	1.000	0.120
塑胶喷浆机	台班	90.76	1.000	0.120

B. 1. 6　楼梯装饰（020106）

Y020106007　金刚砂耐磨楼梯面层(m^2)

工作内容：清理基层、调运砂浆、刷素水泥浆、抹面、压光、养护。

单位:$100m^2$

定额编号				1-B10
项目				金刚砂耐磨楼梯面
综合单价（元）				7649.60
其中	人工费（元）			1453.40
	材料费（元）			5229.93
	机械费（元）			27.82
	管理费（元）			561.70
	利润（元）			376.75
名称		单位	单价(元)	数量
综合工日		工日	43.00	(34.25)
定额工日		工日	43.00	33.800

续表

单位:100m²

定额编号			1-B10
项目			金刚砂耐磨楼梯面
名称	单位	单价(元)	数量
水泥砂浆 1:1	m^3	264.66	0.204
水泥砂浆 1:2	m^3	229.62	2.070
素水泥浆	m^3	421.78	0.130
黑炭金刚砂	kg	8.00	563.000
其他材料费	元	1.00	141.790
灰浆搅拌机 200L	台班	61.82	0.450

B.5 油漆、涂料、裱糊工程

B.5.5 金属面油漆(020505)

020505001 金属面油漆(t/m^2)

工作内容：清扫灰尘、清除铁锈、除油、清洁、刷涂油漆等。

单位:$100m^2$

定额编号				5-B8	5-B9
项目				金属面刷氟碳漆	
				二遍	每增减一遍面漆
综合单价（元）				**4824.54**	**2508.60**
其中	人工费（元）			798.51	234.78
	材料费（元）			3431.79	2099.10
	机械费（元）			—	—
	管理费（元）			304.55	89.54
	利润（元）			289.69	85.18
名称		单位	单价(元)	数量	
综合工日		工日	43.00	(18.57)	(5.46)
定额工日		工日	43.00	18.570	5.460

注：按设计图示尺寸以面积计算。

续表 单位:100m²

定额编号			5-B8	5-B9
项目			金属面刷氟碳漆	
			二遍	每增减一遍面漆
名称	单位	单价(元)	数量	
金属氟碳漆面漆	kg	160.00	12.880	12.880
金属氟碳漆底漆	kg	48.00	12.880	—
金属氟碳漆稀释剂	kg	37.00	1.540	0.770
氟碳漆腻子	kg	39.00	1.290	—
环氧富锌底漆	kg	23.50	25.750	—
环氧富锌底漆稀释剂	kg	12.50	1.290	—
其他材料费	元	1.00	24.210	9.810

B.5.7 喷、刷涂料(020507)

020507001 喷、刷涂料(m^2)

工作内容： 基层清理、批刮腻子、砂纸打磨、辊(刷)底漆、放线分格、喷涂真石主骨料，滚涂配套罩面漆等。

单位：$100m^2$

定额编号				5-B10
项目				外墙真石漆 (胶带条分割)
综合单价(元)				5360.76
其中	人工费(元)			348.30
	材料费(元)			4595.53
	机械费(元)			125.73
	管理费(元)			149.24
	利润(元)			141.96
名称		单位	单价(元)	数量
综合工日		工日	43.00	(9.10)
定额工日		工日	43.00	8.100
白水泥		kg	0.42	50.000
107 涂料		kg	1.85	20.000
油漆溶剂油		kg	3.50	5.800

续表

单位:100m²

定额编号			5-B10
项目			外墙真石漆 (胶带条分割)
名称	单位	单价(元)	数量
真石漆	kg	7.50	500.000
外墙封固底漆	kg	13.34	20.000
真石罩光漆	kg	22.74	20.000
其他材料费	元	1.00	45.630
电动空气压缩机 1m³/min	台班	85.73	1.000
其他机械费	元	1.00	40.000

第三部分　勘误

《河南省建设工程工程量清单综合单价（2008）》勘误表

A 建筑工程、B 装饰工程

序号	页码及位置	误	正
1	《08 综合解释》23 页 14 条最后一行	……付给主体承包单位的费用可按第 11 条计算……	……付给主体承包单位的费用可按第 13 条计算……
2	《08 综合解释》33 页 1-B3 综合工日	3.22	8.22
3	《08 综合解释》41 页定额编号	4-81	4-B1
4	装饰定额 307 页说明第五条	雨篷、挑檐抹灰子目适用于雨篷、挑檐、遮阳板、飘窗……	雨篷抹灰适用于雨篷、飘窗……
5	装饰定额 3-16 和 3-17	雨篷、挑檐抹灰	雨篷抹灰
6	装饰定额 320 页	Y020301002 雨篷、挑檐抹灰	Y020301002 雨篷抹灰
7	建筑工程 31 页工作内容	1. 挖土、将土堆放在一边。2. 清理机下余土。3. 工作面内的排水。4. 修理边坡。	1. 挖土机挖土，清理机下余土，修理边坡，工作面内的排水。2. 挖土机挖、运土方包括装土、运土、养护汽车行驶路线。3. 推土机推、运、平土，修理边坡，工作面内的排水。

序号	页码及位置	误	正
8	建筑工程153页计算规则5条最后一句	……砌块墙内的镶嵌砖……	删除
9	装饰定额8-23至8-34的消耗量，详见附表	中粗砂的消耗量、单位、单价	中粗砂的消耗量、单位、单价改为钢管扣件 直角的消耗量、单位、单价
10	清单编码	Y011262 单项脚手架（m^2）	Y011262 单项脚手架（m^2/m^3）

附表一（装饰子目勘正表）

Y020803 外墙装饰脚手架费(m^2/m)

工作内容：搭设、拆除脚手架，铺、翻脚手等。

单位:$100m^2$

定额编号				8-23	8-24	8-25	8-26
项目				外墙装饰钢管脚手架			
				墙高(m 以内)			
				10	15	24	30
综合单价（元）				**283.09**	**390.77**	**497.15**	**613.02**
其中	人工费（元）			101.52	126.16	139.32	143.71
	材料费（元）			95.43	162.26	247.34	356.11
	机械费（元）			21.42	22.31	22.31	22.31
	管理费（元）			35.52	43.93	48.40	49.89
	利润（元）			29.20	36.11	39.78	41.00
名称		单位	单价(元)	数量			
综合工日		工日	43.00	(2.43)	(3.01)	(3.32)	(3.42)
定额工日		工日	43.00	2.361	2.934	3.240	3.342
板方木材 综合规格		m^3	1550.00	—	—	—	0.048
钢管脚手 Φ48×3.5		t	5800.00	0.009	0.015	0.025	0.032

续表 单位:100m²

定额编号			8-23	8-24	8-25	8-26
项目			外墙装饰钢管脚手架			
			墙高(m以内)			
			10	15	24	30
名称	单位	单价(元)	数量			
竹脚手板 3000×330×50	m²	20.00	1.503	2.568	3.534	—
钢管扣件 对接	个	5.00	0.090	0.249	0.483	0.969
钢管扣件 回转	个	5.00	0.039	0.072	0.123	0.915
钢管扣件 直角	个	5.00	0.804	1.500	2.460	4.167
钢管底座	个	4.00	0.090	0.081	0.072	0.078
镀锌铁丝 8#	kg	4.20	0.360	0.450	0.429	8.730
钢丝绳 Φ8	kg	6.00	—	—	—	0.138
镀锌铁丝 12#	kg	4.60	1.128	1.491	1.596	—
圆钉 70mm	kg	5.30	—	—	—	0.231
木桩 圆木	m³	1200.00	—	—	—	0.001
其他材料费	元	1.00	3.180	5.720	9.220	24.800
载重汽车 4t	台班	297.51	0.072	0.075	0.075	0.075

单位:100m²

定额编号				8-27	8-28	8-29	8-30
项目				外墙装饰钢管脚手架			
				墙高(m 以内)			
				50	70	90	110
综合单价(元)				**805.04**	**1143.47**	**1512.90**	**2033.12**
其中	人工费(元)			171.57	218.14	325.60	502.71
	材料费(元)			493.30	755.39	950.88	1184.42
	机械费(元)			31.24	32.13	32.13	32.13
	管理费(元)			59.79	75.64	112.13	172.27
	利润(元)			49.14	62.17	92.16	141.59
名称		单位	单价(元)	数量			
综合工日		工日	43.00	(4.10)	(5.18)	(7.68)	(11.80)
定额工日		工日	43.00	3.990	5.073	7.572	11.691
板方木材 综合规格		m^3	1550.00	0.072	0.098	0.127	0.146
钢管脚手 Φ48×3.5		t	5800.00	0.045	0.074	0.092	0.118
钢管扣件 对接		个	5.00	1.452	2.313	3.066	4.077

续表

单位:100m²

定额编号			8-27	8-28	8-29	8-30
项目			外墙装饰钢管脚手架			
			墙高(m以内)			
			50	70	90	110
名称	单位	单价(元)	数量			
钢管扣件 回转	个	5.00	1.374	1.473	1.797	2.241
钢管扣件 直角	个	5.00	6.249	12.213	15.972	21.075
钢管底座	个	4.00	0.114	0.075	0.075	0.075
镀锌铁丝 8#	kg	4.20	8.730	7.320	7.845	7.674
钢丝绳 Φ8	kg	6.00	0.381	0.744	0.951	1.521
圆钉 70mm	kg	5.30	0.219	0.264	0.264	0.297
木桩 圆木	m^3	1200.00	0.002	0.004	0.004	0.005
其他材料费	元	1.00	34.340	55.970	70.280	89.360
载重汽车 4t	台班	297.51	0.105	0.108	0.108	0.108

单位:100m²

定额编号			8-31	8-32	8-33
项目			外墙装饰钢管脚手架		
			墙高(m 以内)		
			130	150	180
综合单价(元)			2357.50	2559.75	2776.06
其中	人工费(元)		563.47	631.71	708.60
	材料费(元)		1407.43	1498.79	1590.23
	机械费(元)		34.60	34.95	35.30
	管理费(元)		193.20	216.42	242.56
	利润(元)		158.80	177.88	199.37
名称	单位	单价(元)	数量		
综合工日	工日	43.00	(13.23)	(14.82)	(16.61)
定额工日	工日	43.00	13.104	14.691	16.479
板方木材 综合规格	m³	1550.00	0.161	0.176	0.194
钢管脚手 Φ48×3.5	t	5800.00	0.123	0.129	0.136
钢管扣件 对接	个	5.00	4.485	4.932	5.427
钢管扣件 回转	个	5.00	2.466	2.712	2.982

续表　　　　　　　　　　　　　　　　　　　　　　　　　　　　　　　　　　　单位:100m²

定额编号			8-31	8-32	8-33
项目			外墙装饰钢管脚手架		
			墙高(m以内)		
			130	150	180
名称	单位	单价(元)	数量		
钢管扣件 直角	个	5.00	22.128	23.235	24.396
钢管底座	个	4.00	0.075	0.075	0.075
铁件	kg	5.20	26.793	21.957	17.721
镀锌铁丝 8#	kg	4.20	8.058	8.460	8.883
钢丝绳 Φ8	kg	6.00	1.671	1.839	2.022
圆钉 70mm	kg	5.30	0.327	0.360	0.393
预制钢筋混凝土垫块 C20	m^3	350.00	0.039	0.036	0.033
木桩 圆木	m^3	1200.00	0.006	0.007	0.007
其他材料费	元	1.00	91.270	139.920	175.220
载重汽车 4t	台班	297.51	0.108	0.108	0.108
交流弧焊机 32kV·A	台班	117.53	0.021	0.024	0.027

单位:100m²

定额编号				8-34		
项目				外墙装饰吊篮脚手架		
综合单价(元)				538.26		
其中	人工费(元)			172.43		
	材料费(元)			248.16		
	机械费(元)			11.00		
	管理费(元)			58.55		
	利润(元)			48.12		
名称		单位	单价(元)			
综合工日		工日	43.00	(4.01)		
定额工日		工日	43.00	4.010		
板方木材 综合规格		m^3	1550.00	0.060		
竹脚手板 3000×330×50		m^2	20.00	—		
钢管脚手 Φ48×3.5		t	5800.00	0.002		
钢管扣件 直角		个	5.00	0.220		
钢管扣件 对接		个	5.00	0.050		

续表

单位:100m²

定额编号			8-34		
项目			外墙装饰吊篮脚手架		
名称	单位	单价(元)			
镀锌铁丝 8#	kg	4.20	—		
钢管扣件 回转	个	5.00	0.110		
钢管底座	个	4.00	—		
镀锌铁丝 12#	kg	4.60	—		
吊篮摊销费	元	1.00	130.000		
其他材料费	元	1.00	11.660		
载重汽车 4t	台班	297.51	—		
其他机械费	元	1.00	11.000		

附表二（建筑子目调整勘正表）

三、泥浆护壁钻孔灌注桩

工作内容：护筒埋设及拆除，准备钻孔机具，钻孔出渣、加泥浆和泥浆制作，清钻孔泥浆，导管安拆，灌注混凝土。

单位:m^3

定额编号			2-X33	2-X34	2-X35	2-X36
项目			泥浆护壁钻孔混凝土桩		入岩增加费	
			桩径(mm)			
			800 以内	800 以上	800 以内	800 以上
综合单价（元）			**686.90**	**567.27**	**939.83**	**569.40**
其中	人工费（元）		148.65	106.68	245.36	148.87
	材料费（元）		332.94	311.56	—	—
	机械费（元）		120.06	87.79	521.98	315.94
	管理费（元）		49.73	35.72	100.62	61.01
	利润（元）		35.52	25.52	71.87	43.58
名称	单位	单价(元)	数量			
综合工日	工日	43.00	(3.95)	(2.84)	(7.99)	(4.84)
定额工日	工日	43.00	3.457	2.481	5.706	3.462
水下碎石混凝土 粒径≤40(42.5 水泥) C30	m^3	220.53	1.250	1.250	—	—
模板料	m^3	1215.00	0.015	0.007	—	—

续表

单位:m^3

定额编号			2-X33	2-X34	2-X35	2-X36
项目			泥浆护壁钻孔混凝土桩		入岩增加费	
			桩径(mm)			
			800 以内	800 以上	800 以内	800 以上
名称	单位	单价(元)	数量			
圆钉 70mm	kg	5.30	0.049	0.027	—	—
电焊条(综合)	kg	4.00	0.207	0.083	—	—
粘土	m^3	15.00	0.054	0.054	—	—
水	m^3	4.05	2.663	2.292	—	—
其他材料费	元	1.00	20.670	11.130	—	—
金属设备折旧费	元	1.00	1.000	1.000	—	—
泥浆制作费	元	1.00	4.700	4.700	—	—
交流弧焊机 32kV·A	台班	117.53	0.025	0.012	—	—
电动空气压缩机 $10m^3/min$	台班	372.17	0.040	0.022	—	—
潜水钻机(孔径 mm) 1500	台班	457.88	0.213	0.160	1.140	0.690
其他机械费	元	1.00	4.900	4.900	—	—

单位:m^3

定额编号				2-X37	2-X38
项目				泥浆护壁钻孔混凝土桩	
				桩径(mm)	
				800以内	800以上
				空桩费	
综合单价(元)				235.97	174.72
其中	人工费(元)			61.06	45.15
	材料费(元)			21.91	18.05
	机械费(元)			112.27	81.45
	管理费(元)			23.76	17.54
	利润(元)			16.97	12.53
名称		单位	单价(元)	数量	
综合工日		工日	43.00	(1.89)	(1.39)
定额工日		工日	43.00	1.420	1.050

续表

单位: m^3

定额编号			2-X37	2-X38
项目			泥浆护壁钻孔混凝土桩	
			桩径(mm)	
			800 以内	800 以上
			空桩费	
名称	单位	单价(元)	数量	
粘土	m^3	15.00	0.054	0.054
水	m^3	4.05	2.668	2.292
其他材料费	元	1.00	5.090	2.760
金属设备折旧费	元	1.00	0.500	0.500
泥浆制作费	元	1.00	4.700	4.700
电动空气压缩机 $10m^3/min$	台班	372.17	0.040	0.022
潜水钻机（孔径 mm）1500	台班	457.88	0.213	0.160

工作内容：基层表面清理，修补，做厚度标志，砂浆调制，抹平，压光，切割、粘贴聚苯板，压嵌网格布或钢丝网，抹砂浆，清理等。

单位：$100m^2$

定额编号				8-X207	8-X208
项目				聚苯板外墙面保温	
				涂料饰面下	块料饰面下
综合单价（元）				8242.98	8968.18
其中	人工费（元）			1083.60	1135.20
	材料费（元）			6511.90	7155.62
	机械费（元）			20.00	20.00
	管理费（元）			375.48	393.36
	利润（元）			252.00	264.00
名称		单位	单价(元)	数量	
综合工日		工日	43.00	(25.20)	(26.40)
定额工日		工日	43.00	25.200	26.400

续表

单位:100m²

定额编号			8-X207	8-X208
项目			聚苯板外墙面保温	
			涂料饰面下	块料饰面下
名称	单位	单价(元)	数量	
粘结砂浆 高性能保温专用	kg	2.00	1010.000	1010.000
聚合物抹面砂浆	kg	2.00	808.000	808.000
聚苯乙烯泡沫塑料板 阻燃型 40mm	m²	25.00	102.000	102.000
抗碱玻璃纤维网格布	m²	1.00	110.900	—
镀锌钢丝网 20#	m²	6.00	—	125.000
镀锌铁丝 20#	kg	6.00	—	0.770
隔热膨胀锚固钉	个	0.50	400.000	400.000
其他材料费	元	1.00	15.000	15.000
其他机械费	元	1.00	20.000	20.000

《河南省建设工程工程量清单综合单价（2008）》

C安装工程综合解释汇编

第一部分　C 安装工程综合解释

综合性问题解释

1.当发生人工费调整或机械费调整时，综合工日是否调整？

答：综合单价子目乘以系数时，参与取费的综合工日也随之调整；若只是子目中某一项或某几项费用调整时，相应的人工费或机械费调整，但参与取费的综合工日不发生变化。

《C.9 通风空调工程》分册中，涉及制作与安装子目分列，需要人工费、材料费、机械费分别乘以不同的系数时，人工费、材料费、机械费作相应调整，综合工日也随着调整。

2.总说明十一条的第 3 条“人工费可调差价，市场人工单价发生变化时，可依据河南省建设工程造价管理机构发布的指导价，在合同中约定调整办法。调整部分计人工费价差，其他不变。”人工费涉及的管理费、利润、规费是否调整？

答：调整部分的人工费只计取价差，不再参与人工费的取费，人工费涉及的管理费、利润、规费不调整。

3.建筑与安装工程的金属结构如何划分？

答：在一般工业与民用建筑中，凡为设备服务的金属结构属于安装工程，应执行《河南省建设工程工程量清单综合单价（2008）C 安装工程》（以下简称《2008 综合单价 C 安装工程》中相关项目，其余的金属结构应执行《2008 综合单价 A 建筑工程》相关项目。

4.超高增加费高度如何界定？

答：超高增加费的高度：有楼层的按楼地面至操作物的距离，无楼层的按操作地点（或设计±0）至操作物的距离。

5.水平运输距离综合单价是如何考虑的？

答：（1）材料、成品、半成品的水平运输距离指自施工单位现场仓库或指定堆放地点运至安装地点的距离。综合单价综合取定为300m。

（2）设备水平运输距离指自指定堆放地点运至安装地点的距离。综合单价综合取定为100m。

6.在一个单位工程中涉及《2008 综合单价 C 安装工程》中的C.2、C.6、C.8、C.9、C.14 等分册的专业内容时，超高施工增加费、高层建筑增加费和脚手架搭拆费应如何计算？

答：一个单位工程涉及多个专业分册的内容时，按各册说明和规定系数分别列项计算。

7.安装工程拆除项目，应该如何计价？

答：安装工程拆除项目，按以下规定计价：

（1）安装工程拆除项目的计价不包括随建筑物（或构筑物）的整体或局部拆除而一起拆除的安装工程项目，但在建筑物（或构筑物）拆除前，先进行安装工程拆除项目的除外。

（2）安装工程的保护性拆除指拆除后的主要材料或设备应进行重复使用或利用的拆除工程；安装工程的破坏性拆除指拆除后的主要材料或设备不进行重复使用或利用而作为废品处理的拆除工程。

（3）安装工程拆除项目的计价基础为“安装综合单价”中的人工费、机械费、管理费、利润，并区别不同的拆除系数计价。

拆除系数见表 1。

表 1　按各安装专业及拆除类型划分的拆除系数

安装专业	拆除类型	
	保护性拆除	破坏性拆除
给排水、燃气工程	0.50	0.25
电气工程（带电作业）	0.70	0.35
电气工程（不带电作业）	0.50	0.25
通风空调工程	0.70	0.35
消防安全工程	0.60	0.30

（4）旧机械设备的拆除费用按 C.1 分册说明第二条的规定执行。

（5）除以上之外的工艺管道和其他设施的拆除，因拆除的环境、拆除的复杂程度和场地的限制等原因，无法确定其拆除费用标准。所以，由建施双方根据实际发生拆除内容，协商确定拆除费用。

8.安装工程中不包括无负荷联动试车工作内容，无负荷联动试车费用应怎样计算？

答：综合单价中只考虑了施工验收规范规定的试漏、试压、试验和单体试车等工作内容，不包括生产系统（小型站除外）的负荷联动试运转费用。生产系统的负荷（无负荷）联动试运转工作，应以建设单位为主，施工单位配合。施工单位配合试运转的费用，应按经批准的试车方案或国家行业主管部门的规定计取。

9.对于一个建筑物中，如果出现不同的层数时，应如何计取高层建筑增加费？

答：在计算高层建筑增加费时，应针对一个完整的单位工程来计算，如果一个单位工程有不同的层数时，应以最高层数来计算该单位工程的高层建筑增加费。

10.发包方委托承包方购置设备时，其设备费应如何计取？

答：设备费属于基本建设投资中设备购置费范畴，不属于建安工程费用，不能进入建安工程费用内。若发包单位委托承包单位购置并安装时，其设备费应另行列支，并由建设单位计入设备购置费内。若工程发包时，发包单位没有单独列支设备购置费，实际施工中由施工单位购置设备发生的税金，则由建设单位承担。

11.在使用《河南省建设工程工程量清单（2008）》编制施工图预算、招标控制价和投标报价时，住房公积金和意外伤害保险费是否计取？

答：应当计取。这两项费用是建安成本的构成部分，属于不可竞争费用。

12.民用安装工程联动试车费中的人工费是否可参与取费？

答：应参与取费。

13.综合单价中的计价材是否可以调材差？

答：计价材可以调材差。

C.1　机械设备安装工程

1.《C.1 机械设备安装工程》、《C.3 热力设备安装工程》、《C.9 通风空调工程》中的风机安装界限如何划分？

答：《C.1 机械设备安装工程》中的风机安装是各类工业、化工、石油化工等新建、扩建及技术改造项目的风机安装；《C.3 热力设备安装工程》中的风机安装是锅炉设备安装的附属机械，锅炉送风机、引风机及排粉风机的安装；《C.9 通风空调工程》中的风机安装是为生产、生活服务的通风空调风机设备安装。

2.如何界定设备安装超高范围？

答：当设备底座安装标高（不是操作标高）超过地平面±10m 时，视为超高。超高费用按定额说明规定的系数计取。

3.风机、水泵拆装检查如何确定？

答：风机、水泵拆装检查是指建设单位要求或设计规定安装前必须对风机、水泵进行拆装检查的，可套用风机、水泵拆装检查子目。

C.2　电气设备安装工程

1.电缆头制安定额中“热缩电缆头”以未计价主材表现，因热缩电缆头以“套件”形式供货，内含一切制作材料，如果把未计价主材加上，电缆头制作安装中材料费则出现重复计算，如何处理？

答：定额是按现场制作考虑的，已包括所需要的全部消耗材料。如果“套件”中包含全部制作材料时，则可以将“套件”按未计价主材计入，减去定额内全部消耗材料费；如果只包含部分消耗材料时，加入“套件”未计价主材后，只应减去定额内对应消耗材料。

2.冷缩头电缆头制安使用什么定额？

答：冷缩工艺制安的电缆头可使用相应截面电缆热缩头制安的子目，未计价材料改为冷缩电缆头套件。

3.利用基础底板内钢筋作接地，使用什么子目？

答：执行 2-752 柱主筋与圈梁钢筋焊接子目。

4.直埋电缆挖填土方量应如何计算？

答；直埋电缆挖填土方量，两根以内电缆沟，按上口宽度 600mm、下口宽度 400mm、深度 900mm，每米挖填土方量 0.45m^3。增加一根电缆，底宽增加 170mm，挖填土方量增加 0.153m^3。设计对电缆埋深有特殊要求时，按设计深度计算。

5.在 10m 以上的竖井内安装封闭式插接母线槽时，如何套用子目？

答：根据母线槽电流大小的相应母线槽子目人工和机械乘以系数 2.0。

6.端子排外部接线子目分为有端子和无端子两种，具体如何使用？

答：有端子定额已包括焊（压）端子工作内容，适用于软线和多股线；无端子定额适用于独股硬线。

7.配管配线中如何考虑接线盒和拉线盒的数量？

答：根据《电气装置安装工程 1kV 及以下配线工程量施工及验收规范》GB 50258—96 的规定：

（1）拉线盒的位置应便于穿线：

①管长度每超过 30m，无弯曲。

②管长度每超过 20m，有 1 个弯曲。

③管长度每超过 15m，有 2 个弯曲。

④管长度每超过 8m，有 3 个弯曲。

（2）垂直敷设的电线保护管遇到下列情况之一时，应增设固定导线用的拉线盒：

①管内导线截面 $50mm^2$ 及以下，长度每超过 30m。

②管内导线截面 70～$95mm^2$，长度每超过 20m。

③管内导线截面 120～$240mm^2$，长度每超过 18m。

8.线槽配线项目是按单根导线考虑的，若为多芯导线时如何执行定额？

答：二芯导线时，按子目乘以系数 1.2；四芯导线时，按子目乘以系数 1.4；八芯导线时，按子目乘以系数 1.8；十六芯导线时，按子目乘以系数 2.1。

9.塑料护套线在穿管敷设时，执行什么子目？

答：塑料护套线穿管敷设无子目，可参考软线穿管敷设子目，按芯数分截面 100m/束计算。

10.“接地跨接线”的含义？

答：利用金属物体作接地连引线时，两段金属物体之间的连接为不可靠连接或不连通（如两段钢管中间对丝连接；两段封闭母线外壳不相连接；两段道轨中间有伸缩缝等），要增加一个辅助的连接跨接体，将这两部分可靠地连接起来，定额是按镀锌扁钢-60×6 焊接和螺栓连接综合考虑的。

11.防爆开关、防水插座使用什么子目？

答：防爆开关参考 2-375 密闭开关；防水插座参考防爆插座安装子目。

12.接地网调试 2-1083 子目以“系统”为单位，如何使用？

答：（1）定额所称的系统是按每一个发电厂的厂区或每一变电所的所区为单位考虑的，一般的发电厂或变电所连为一体的母网，按一个系统计算。

（2）自成母网不与厂区相连的独立接地网，另按一个系统计算。

（3）大型建筑群各建筑物有自己的接地网（指接地电阻值设计有不同要求），虽然在最后也将各接地网连在一起，但应按各自的接地网计算，不能作为一个网，具体应按接地网的实际情况而定。

（4）凡接地极在 6 根以上的接地网均按“系统”计算，执行 2-1083 子目。

13.利用女儿墙压筋作为避雷网（用女儿墙两根压筋），如何使用定额？

答：参考 2-945 子目利用圈梁钢筋做均压环敷设定额，以 10m 为计量单位计算。

14.接线盒盖板的安装是否包含在接线盒的安装中？

答：接线盒的安装中已包括了接线盒盖板的安装，接线盒盖板的主材另计。

15.钢管在吊顶内敷设，用角钢作支架，将钢管用管卡固定在支架上安装，敷设于吊顶内。如何使用子目？

答：支架套用支架的制作安装定额，钢管的敷设使用明敷配管。

16.利用柱主筋作接地引下线，子目是按 2 根主筋，如果设计要求 4 根柱筋，如何计算？

答：利用柱主筋作接地引下线，子目是按 2 根主筋考虑的，工程量计算应为 1 个柱高度；如果设计要求超过 2 根时，可按比例调整；设计要求为 4 根，则工程量乘以 2。

17.柱主筋与圈梁钢筋焊接子目如何考虑？

答：柱主筋与圈梁钢筋焊接是指 2 根主筋分别与 2 根圈梁筋焊接连接考虑的，工程量计算为 1 处，如果焊接主筋与圈梁钢筋超过 2 根时，可按比例调整。

18.管内穿电缆是否可以套用管内穿动力线？

答：电缆敷设是按各种敷设方式综合考虑的，也包括穿管敷设，所以不能套用管内穿动力线子目。

19.低压封闭式插接母线槽定额是否考虑了固定支架的安装？

答：低压封闭式插接母线槽定额不包括固定支架的安装，应按设计图计算支架的制作安装费。

20.电缆头子目中，单芯电缆头和五芯以上电缆头如何使用子目？

答：单芯电缆头制安按同电压同截面电缆头制安子目乘以系数 0.5，五芯以上电缆头制安按每增加一芯，子目乘以系数 0.25。

21.竖向通道电缆敷设的适用范围是什么？电缆在竖井内桥架中竖直敷设时能否适用？

答：竖直通道电缆敷设定额适用于在 20m（或 6 层）以上的高层建筑、高塔等建筑物的竖直通道内敷设电缆时使用。如果电缆敷设在 20m（或 6 层）以上的高层建筑、高塔等建筑物的竖井通道的桥架内，同样适用，否则不适用。

22.预分支电缆中间头如何使用子目？

答：预分支电缆的分支接头（中间头）在生产厂内已预制好，所以使用子目时，不再计取电缆中间接头制作安装。分支电缆终端头可执行电缆终端头制作安装子目。

23.若装饰灯安装在顶棚内，顶棚的开孔工作是否包含在灯具安装子目中？

答：灯具安装子目中不包括该项内容。

24.定额中电力电缆敷设及电缆头制作安装的截面是怎样计算的？

答：按电缆的单芯截面计算并套用相应定额，不得将三芯和零线截面相加计算。

25.灯具、开关、插座安装子目中所含接线为铝线，实际安装是铜线，材料是否可以换算？

答：可以换算。

26.室外电缆沟挖土方时套用什么定额？

答：2-855～858 为电缆沟挖填子目，适用于室内、室外电缆沟挖填土方。

C.3　热力设备安装工程

1.烟、风、煤管道支、吊架制作安装如何使用定额？

答：本分册中的烟、风、煤管道支、吊架安装已包括在烟、风、煤管道安装子目中。烟、风、煤管道支、吊架的制作可使用《静置设备与工艺金属结构制作安装工程》相应子目。

2.低压锅炉本体设备焊口，项目中是否包括无损探伤？

答：已包括。

3.在工业与民用锅炉安装过程中，如发生环保部门、劳动监察部门的监测、检验费用，应如何计费？

答：上述费用是政府主管部门规定对安装工程某个系统或项目进行检测、检验的费用。此费用不属于安装工程费，不包括在定额内，属于建设项目其他费用，如发生时应按相关部门的规定计算。

C.4　炉窑砌筑工程

1.高强度耐火材料的机械砖加工子目是如何考虑的？

答：高强度耐火材料的机械砖加工，本子目只包括粘土质耐火砖和高铝、镁砖的加工，不包括高强度耐火砖的机械加工，如设计要求加工时，可采用带有合金刀具的砖加工机柜，台班用量参照本分册的粘土质耐火砖加工机械台班量乘以系数 1.7。

2.本分册内隔热砖是否包括加工内容？

答：关于隔热砖按现行施工规范要求，隔热砖（含高铝质、粘土质）原则上不需要进行加工，故本分册子目未列隔热砖加工机械台班，但如需要加工时，可执行本册机械砖加工的相应项目（指粘土质耐火砖），乘以系数 0.25。

3.本分册超高费用如何计算？

答：超高系数见本分册的说明。一般炉窑的标高位于 40m 以上的砌体，超高系数为超过部分的人工费+机械费乘以系数 1.3。这里不包括在标高±0 以上的砌体，因本定额已按平均±15m 的高度考虑。

4.何谓“炉窑金具”？

答：炉窑金具是指在炉窑内衬结构中（耐火砌体、耐火浇筑料、可塑料与喷涂料、纤维毯、块等）采用的带有坚固或支撑性质的耐热金属件，它应该和耐火或保温砌体紧密相连，如拉钩、锚固件和吊挂件等。一般为耐热碳钢、不锈钢件。综合基价中“金具”不包括炉内埋设件与挂砖吊钩。

C.5　静置设备与工艺金属结构制作安装工程

1.静置设备制作定额适用范围是什么？

答：本定额适用于建筑安装企业在加工厂或施工现场制作容器、塔器、换热器等设备制作工程。它仅适用于常压和 I、II 类容器、塔器、换热器的制作，不适用于高压设备的制作。

2.整体设备安装的标高，定额是怎么取定的？

答：整体设备安装的“基础标高”是指设计±0为基准，至设备底座安装标高点的吊装高度范围。

整体设备安装定额中基础标高在10m以内、设备吊装重量达到80t；基础标高在10m以上至20m以内、设备吊装重量达到60t；基础标高在20m以上、设备吊装重量达到40t时，均选用格架式金属抱杆吊装。

整体设备安装定额中已按不同安装高度划分定额项目，不得再计取超高费。

3.工艺金属结构制作安装与建筑金属结构制作安装如何划分？

答：工艺金属结构的作用主要是为了支承和传递工艺设备或工艺管道等本身重量以及其他附加应力所引起的载荷，保证工艺生产要求和强度的稳定性。建筑金属结构一般为土建工程中的金属结构。工艺金属结构制作安装定额，不适用于建筑工程的金属结构制作安装。

C.6　工业管道工程

1.单独承包的工业厂区综合管道(管件、阀门含量少)，定额未计价材含量不够的情况，可否允许据实调整？

答：如果工程实际所用管道长度和管件数量与定额不符时，可按设计要求的数量调整子目。

C.7　消防工程

1.《C.7 消防工程》中超高施工增加费如何计算？

答：在执行本分册时，如果操作物高度距离楼地面5m以上的工程，按其超过部分的人工费乘以下表系数：

表 2　人工费系数

8m 以内	12m 以内	16m 以内	20m 以内
1.10	1.15	1.20	1.25

2.《〈河南省建设工程工程量清单综合单价（2008）〉技术交底资料》与《C.7 消防工程》不一致的内容如何解决？

答：以《C.7 消防工程》分册说明为准。

C.8　给排水、采暖、燃气工程

1.沟槽式连接管道的三通等管件如何套用定额？

答：三通等管件的安装人工已包含在沟槽式连接卡箍子目内，不另行计算，其材料费应另计。

2.室内沟槽式管道安装说明及计算规则中第三条“三通、四通开口卡箍其本体按卡箍相应项目执行，开口、分支口分别执行卡箍相应项目”是否应理解为三通、四通其本体按卡箍子目套用定额？

答：本条内容指计算三通、四通的卡箍数量时，应区分不同主、支管管径，按实际数量分开计算。三通、四通其本体安装人工已包含在卡箍安装定额内。

3.定额中室内给水丝接管道安装部分，设计要求的附属管件较多，超过定额含量，可否调整？

答：如有设计要求，实际管件数量超过定额用量的10%以上时，经建设单位核实同意后，按实调整。

4.设置于管道间、管廊内的水表是否可以执行管道间、管廊内的子目换算？

答：可以换算。

5.下沉式卫生间下水管在地板上安装，不使用脚手架，人工效率增加，人工是否可以调整？

答：不调整。

6.给水管采用 PE 管时，如何套用子目？

答：PE 管如采用热熔连接时，可参考聚丙烯塑料给水管安装(热熔或电熔连接)。

7.穿楼板采用钢套管，但钢套管止水环不是采用钢板而是采用钢筋环。该项目如何套用？

答：子目套用不变。

8.室内给水管采用聚丙烯塑料给水管，但施工工艺是直接暗埋，不存在制作安装支架管卡等内容，套用室内给水聚乙烯夹铝复合管可否？

答：定额套用不变。

9.中央空调机房中集分水器使用什么子目？

答：可用第六册相应子目。

10.第八册管道安装已含水压试验，8-307～311 子目什么情况下适用？

答：第八册管道安装子目已包含水压试验，该子目适用于实际工程中需要再次做水压试验时，计算水压试验的费用。

11.空调水用木垫式支架，第八册无木垫式支架子目，如用第六册相应子目，是否计取第八册高层建筑增加费?

答:不计取。

12.钢塑复合管如使用法兰式专业管件连接时采用什么子目?

答:参考镀锌钢管，区分不同的连接方式套用相应子目。

13.第八册给排水及采暖管，穿墙套管如是钢制套管时，如何计价?

答：执行第八册的分册和章说明。

14.室内雨水塑料排水管、室外塑料空调冷凝水管如何套用子目？

答：可参考室内塑料排水管子目。

15.PPR、PE 球阀或截止阀如何计价？

答：目前分册中没有 PPR 阀门的安装子目。如遇到 PPR 或 PE 阀安装时，可执行 8-340～348 子目。

16.室外塑料管管径大于 150mm 以上如何计价？

答：详见补充子目。

C.9 通风空调工程

1.计算复合风管、玻璃钢风管时，如何计算周长？

答：计算周长时，应以风管外径尺寸为准。

C.10 自动化控制仪表安装工程

1.电脑网线敷设套什么定额？

答：套用通信设备及线路工程中 4 对双绞线缆敷设相应子目。

C.11 通信设备及线路工程

1.电话线、广播线的敷设和电话箱、电话插座的安装执行什么子目？

答：参考 C.2、C.11 分册中相关子目。

C.12 建筑智能化系统设备安装工程

1.楼宇自控系统调试和楼宇自控用户调试有何区别?如何应用?

答:楼宇自控系统调试是系统调试，楼宇自控用户调试是用户软件调试。

2.“电视设备箱”是否就是前端箱?

答：是前端箱。

3.“接线箱”与本定额“楼层接线箱”子目都是接线箱，也未明确是多大规格的，但人工量相差很大，可应用?

答：接线箱与楼层接线箱不同，接线箱是机架设备内部与外部分线路的接口设备。楼层接线箱是每层扬声器广播总线的汇接装置。

4.“安全防范分系统调试”是对每个入侵报警点、出入口门禁控制器、摄像机等进行调试，但入侵探测器、门禁控制器、摄像设备安装等定额子目的工作内容中均注明有调试、试运行。请问这是否有重复考虑的问题?

答：工作内容中的调试、试运行是单机调试，分系统调试是系统调试。

YC.14 刷油、防腐蚀、绝热工程

1.14-2338～2340 子目是否可以另计未计价材铁皮保护层的用量?

答：可以计取,铁皮保护层的损耗率按 5.32%计算。

2.分册中钢结构是如何划分的?

答：分册中钢结构划分为一般钢结构、管廊钢结构、H 型钢制钢结构（包括大于 400mm 以上各种型钢）三个档次。

一般钢结构包括：梯子、栏杆、支吊架、平台等；H 型钢制钢结构包括各种 H 型钢及规格大于 400mm 以上各种型钢组成的钢结构；管廊钢结构是指除了一般钢结构和 H 型钢结构及规格大于 400mm 以上各类型

钢，余下部分的钢结构。

3.镀锌铁皮需要刷油时，其表面除尘及除油污，使用什么子目？

答：可按人工除轻锈子目乘以系数 0.2 计算。

4.规格大于 400mm 的型钢及 H 型钢制钢结构工程量如何计算？

答：按实测面积计算。

5.玻璃丝布保护层子目消耗量是如何取定的？

答：玻璃丝布宽取 250mm，缠绕搭接的理论用量 $13.15m^2/m^2$，加损耗 6.42%，取定 $14m^2$。

6.本册工程量计算规则第 7 页，阀门绝热、保护层计算公式是否按圆柱形考虑？如实际与定额公式不符可否调整？

答：阀门、法兰绝热、防潮和保护层计算公式是按圆柱形保温考虑计算的。如设计要求与之不符，可按设计要求调整。

YC.15　施工措施项目

1.脚手架搭拆费考虑了哪些因素？实际不发生是否计算？

答：综合单价中的脚手架搭拆费已考虑了以下因素：

（1）各专业交叉作业施工时，可以互相利用已搭建的脚手架；

（2）施工时如部分或全部使用土建的脚手架时，按有偿使用考虑；

（3）无论现场是否发生，包干使用。

2.设备、材料二次搬运费如何计取？

答：分册中未包括材料和设备的二次搬运费，如果工地现场材料、设备的水平运输距离超过安装分册考虑的范围，可根据实际情况，通过现场签证计取设备、材料二次搬运费。

第二部分　补充子目

08 安装补充子目的说明及计算规则

1.铜芯预分支电缆沿垂直通道敷设适用于高层建筑中电气竖井内铜芯预分支电缆的敷设，按照主电缆截面规格分别选用定额项目，以“100m”为计量单位。电缆敷设芯数不同时，可参考 C.2.8 章节的相关说明执行。

2.扣压、紧定式钢管敷设应区别不同的敷设方式、敷设位置、管材材质、规格，以“100m”为计量单位，不扣除管路中间的接线箱（盒）、灯头盒、开关盒所占长度。

3.嵌入式荧光灯具安装应区别不同的灯管数量，以“10 套”为计量单位。

4.消防水炮安装，不区分规格射程，以“台”为计量单位。

5.室内、外塑料给水管道（热熔连接）项目中，管道接头零件均为与管道连接方式相同的塑料管件，不包括各类钢（铜）转换零件，如发生可另计材料费，其余不变。室外聚丙烯塑料给水管安装（热熔或电熔连接）、室内聚丙烯塑料给水管安装(热熔或电熔连接) 区别不同的敷设位置、管材规格 ，以“10m”为计量单位。

6.室外聚丙烯塑料给水管安装（热熔或电熔连接）、室内聚丙烯塑料给水管安装(热熔或电熔连接) 区别不同的敷设位置、管材规格 ，以“10m”为计量单位。

7.室内铜管安装(螺纹连接或焊接)项目中，管道接头零件作为未计价材料，根据设计施工图确定数量并增加 1%损耗，另行计算材料费。室内铜管安装(螺纹连接或焊接)区别不同的连接方式、管材规格，以“10m”为计量单位。

8.地板辐射采暖管安装子目中已包括地面浇筑配合用工，采用铝塑复合管、聚丁烯管、聚丙烯管、聚乙烯管等作为地板采暖管道时均执行本子目。地板辐射采暖管安装区别不同的管道敷设间距、管材规格，以“$10m^2$”为计量单位。地板辐射采暖面积按采暖房间的净面积计算，不计算门洞口面积。

9.卡箍式铸铁排水管安装区别不同的管材规格，以“10m”为计量单位。

10.钢制柱式散热器安装，按成组安装考虑，区别一组不同片数，以“组”为计量单位。

11.分户采暖用分、集水器安装，区别不同的缸体直径，以“台”为计量单位。

12.户用热量表安装不包括电气接线，安装项目中的配套阀门，设计与定额取定不同，按设计类型调整，其余不变。户用热量表安装，区别不同的规格，以“组”为计量单位。

一、铜芯预分支电缆沿垂直通道敷设

工作内容：开箱检查，架线盘，吊头和分支连接头安装、电缆敷设，排列整理、固定收盘、临时封头，挂牌，绝缘测试。

单位:100m

定额编号				2-B1	2-B2	2-B3	2-B4	2-B5	2-B6
项目				铜芯预分支电缆沿垂直通道敷设					
				电缆截面(mm^2以下)					
				10	16	25	35	50	70
综合单价（元）				978.74	1123.72	1448.60	1834.53	2199.09	2621.91
其中	人工费（元）			443.76	532.34	732.29	931.81	1165.73	1400.08
	材料费（元）			261.50	263.31	265.01	266.72	268.32	269.52
	机械费（元）			—	—	—	57.50	43.44	83.37
	管理费（元）			165.12	198.08	272.48	349.28	435.68	524.64
	利润（元）			108.36	129.99	178.82	229.22	285.92	344.30
名称		单位	单价(元)	数量					
综合工日		工日	43.00	(10.32)	(12.38)	(17.03)	(21.83)	(27.23)	(32.79)
定额工日		工日	43.00	10.320	12.380	17.030	21.670	27.110	32.560
铜芯预分支电缆		m	—	(101.00)	(101.00)	(101.00)	(101.00)	(101.00)	(101.00)
镀锌铁丝 Φ1		kg	4.00	1.000	1.400	1.700	2.000	2.400	2.700

续表

单位:100m

定额编号			2-B1	2-B2	2-B3	2-B4	2-B5	2-B6
项目			铜芯预分支电缆沿垂直通道敷设					
			电缆截面(mm²以下)					
			10	16	25	35	50	70
名称	单位	单价(元)	数量					
标志牌	个	0.25	6.000	6.000	6.000	6.000	6.000	6.000
镀锌电缆卡子 2×35	套	1.34	104.000	104.000	104.000	104.000	104.000	104.000
镀锌精制螺栓 带帽M8×100以内 2平1弹垫	10套	4.60	20.800	20.800	20.800	20.800	20.800	20.800
橡胶垫 δ2	m²	32.97	0.300	0.300	0.300	0.300	0.300	0.300
棉纱头	kg	5.08	0.260	0.300	0.400	0.500	0.500	0.500
尼龙绳 Φ0.5～1.0	kg	13.50	0.500	0.500	0.500	0.500	0.500	0.500
钻头 Φ3	个	1.50	2.000	2.000	2.000	2.000	2.000	2.000
汽车式起重机 5t	台班	364.10	—	—	—	0.100	0.100	0.200
载重汽车 5t	台班	351.56	—	—	—	0.060	0.020	0.030

单位:100m

定额编号				2-B7	2-B8	2-B9	2-B10	2-B11	2-B12
项目				铜芯预分支电缆沿垂直通道敷设					
				电缆截面(mm^2以下)					
				95	120	150	185	240	300
综合单价(元)				3049.04	3474.94	3826.90	4362.65	5049.35	6077.56
其中	人工费(元)			1633.57	1867.49	2050.67	2343.50	2707.28	3246.50
	材料费(元)			276.43	277.63	279.33	283.83	285.54	288.49
	机械费(元)			123.29	166.73	217.21	271.19	361.59	504.72
	管理费(元)			613.28	702.24	772.64	884.00	1023.36	1230.40
	利润(元)			402.47	460.85	507.05	580.13	671.58	807.45
名称		单位	单价(元)	数量					
综合工日		工日	43.00	(38.33)	(43.89)	(48.29)	(55.25)	(63.96)	(76.90)
定额工日		工日	43.00	37.990	43.430	47.690	54.500	62.960	75.500
铜芯预分支电缆		m	—	(101.00)	(101.00)	(101.00)	(101.00)	(101.00)	(101.00)
镀锌铁丝 Φ1		kg	4.00	3.100	3.400	3.700	4.000	4.300	4.700
标志牌		个	0.25	6.000	6.000	6.000	6.000	6.000	6.000

续表 单位:100m

定额编号			2-B7	2-B8	2-B9	2-B10	2-B11	2-B12
项目			铜芯预分支电缆沿垂直通道敷设					
			电缆截面(mm^2以下)					
			95	120	150	185	240	300
名称	单位	单价(元)	数量					
镀锌电缆卡子 2×35	套	1.34	104.000	104.000	104.000	104.000	104.000	104.000
镀锌精制螺栓 带帽M8×100以内 2平1弹垫	10套	4.60	20.800	20.800	20.800	20.800	20.800	20.800
橡胶垫 δ2	m^2	32.97	0.400	0.400	0.400	0.500	0.500	0.500
棉纱头	kg	5.08	0.600	0.600	0.700	0.700	0.800	0.800
尼龙绳 Φ0.5～1.0	kg	13.50	0.500	0.500	0.500	0.500	0.500	0.600
钻头 Φ3	个	1.50	3.000	3.000	3.000	3.000	3.000	3.000
汽车式起重机 5t	台班	364.10	0.300	0.400	0.500	0.600	0.800	1.000
载重汽车 5t	台班	351.56	0.040	0.060	0.100	0.150	0.200	0.400

二、扣压、紧定式钢管敷设

工作内容：测位、划线、切管、接管、配管、固定、安装管件、压接地线等。

单位:100m

定额编号				2-B13	2-B14	2-B15	2-B16	2-B17
项目				砖、混凝土结构明配				
				钢管公称直径(mm以内)				
				15	20	25	32	40
综合单价(元)				813.82	853.18	929.77	1008.02	1062.78
其中	人工费(元)			378.40	397.75	430.00	464.40	509.98
	材料费(元)			180.14	186.58	211.26	231.86	207.42
	机械费(元)			22.08	23.72	23.51	25.56	31.09
	管理费(元)			140.80	148.00	160.00	172.80	189.76
	利润(元)			92.40	97.13	105.00	113.40	124.53
名称		单位	单价(元)	数量				
综合工日		工日	43.00	(8.80)	(9.25)	(10.00)	(10.80)	(11.86)
定额工日		工日	43.00	8.800	9.250	10.000	10.800	11.860
镀锌钢管 DN15		m	—	(103.00)	—	—	—	—
镀锌钢管 DN20		m	—	—	(103.00)	—	—	—
镀锌钢管 DN25		m	—	—	—	(103.00)	—	—
镀锌钢管 DN32		m	—	—	—	—	(103.00)	—

续表

单位:100m

定额编号			2-B13	2-B14	2-B15	2-B16	2-B17
项目			砖、混凝土结构明配				
			钢管公称直径(mm以内)				
			15	20	25	32	40
名称	单位	单价(元)	数量				
镀锌钢管 DN40	m	—	—	—	—	—	(103.00)
镀锌钢管接头 DN15 室内	个	0.72	25.750	—	—	—	—
镀锌钢管接头 DN20 室内	个	0.97	—	25.750	—	—	—
镀锌钢管接头 DN25 室内	个	1.54	—	—	25.750	—	—
镀锌钢管接头 DN32 室内	个	2.34	—	—	—	25.750	—
镀锌钢管接头 DN40 室内	个	2.81	—	—	—	—	25.750
镀锌管卡子 (电线管用) DN15	个	0.60	144.200	—	—	—	—
镀锌管卡子 (电线管用) DN20	个	0.60	—	144.200	—	—	—
镀锌管卡子 (电线管用) DN25	个	1.40	—	—	85.400	—	—
镀锌管卡子 (电线管用) DN32	个	1.40	—	—	—	85.400	—
镀锌管卡子 (电线管用) DN40	个	1.40	—	—	—	—	67.300

续表

单位:100m

定额编号			2-B13	2-B14	2-B15	2-B16	2-B17
项目			砖、混凝土结构明配				
			钢管公称直径(mm以内)				
			15	20	25	32	40
名称	单位	单价(元)	数量				
镀锌铁丝 22#	kg	6.00	0.250	0.250	0.250	0.250	0.250
绝缘导线 BV-4mm^2	m	2.77	13.230	13.230	10.180	10.180	8.550
镀锌自攻螺钉 Φ4～6×10～16	10个	0.21	2.912	2.912	1.726	1.726	0.686
金属胀锚螺栓 M6×50	套	0.50	—	—	—	—	6.740
塑料胀管 Φ6	个	0.08	294.000	294.000	174.000	174.000	69.000
冲击钻头 Φ12	个	6.00	1.940	1.940	1.150	1.150	0.910
砂轮片 Φ400	片	23.28	0.050	0.050	0.050	0.050	0.050
电动煨弯机 Φ100以内	台班	81.98	—	—	0.060	0.060	0.130
电锤 520W	台班	9.03	1.900	1.900	1.150	1.150	0.900
砂轮切割机 Φ500	台班	41.02	0.120	0.160	0.200	0.250	0.300

工作内容：测位、划线、切管、接管、配管、固定、安装管件、压接地线等。

单位:100m

定额编号				2-B18	2-B19	2-B20	2-B21	2-B22
项目				砖、混凝土结构暗配				
				钢管公称直径(mm以内)				
				15	20	25	32	40
综合单价(元)				**538.15**	**593.49**	**659.10**	**739.44**	**846.56**
其中	人工费(元)			294.12	323.36	356.04	391.73	448.49
	材料费(元)			57.85	64.29	70.52	91.12	98.71
	机械费(元)			4.92	6.56	13.12	15.17	22.96
	管理费(元)			109.44	120.32	132.48	145.76	166.88
	利润(元)			71.82	78.96	86.94	95.66	109.52
名称		单位	单价(元)	数量				
综合工日		工日	43.00	(6.84)	(7.52)	(8.28)	(9.11)	(10.43)
定额工日		工日	43.00	6.840	7.520	8.280	9.110	10.430
镀锌钢管 DN15		m	—	(103.00)	—	—	—	—
镀锌钢管 DN20		m	—	—	(103.00)	—	—	—
镀锌钢管 DN25		m	—	—	—	(103.00)	—	—
镀锌钢管 DN32		m	—	—	—	—	(103.00)	—

续表

单位:100m

定额编号			2-B18	2-B19	2-B20	2-B21	2-B22
项目			砖、混凝土结构暗配				
			钢管公称直径(mm以内)				
			15	20	25	32	40
名称	单位	单价(元)	数量				
镀锌钢管 DN40	m	—	—	—	—	—	(103.00)
镀锌钢管接头 DN15 室内	个	0.72	25.750	—	—	—	—
镀锌钢管接头 DN20 室内	个	0.97	—	25.750	—	—	—
镀锌钢管接头 DN25 室内	个	1.54	—	—	25.750	—	—
镀锌钢管接头 DN32 室内	个	2.34	—	—	—	25.750	—
镀锌钢管接头 DN40 室内	个	2.81	—	—	—	—	25.750
镀锌铁丝 22#	kg	6.00	0.250	0.250	0.250	0.250	0.250
绝缘导线 BV-4mm^2	m	2.77	13.230	13.230	10.180	10.180	8.550
砂轮片 Φ400	片	23.28	0.050	0.050	0.050	0.050	0.050
电动煨弯机 Φ100以内	台班	81.98	—	—	0.060	0.060	0.130
砂轮切割机 Φ500	台班	41.02	0.120	0.160	0.200	0.250	0.300

工作内容：测位、划线、切管、接管、配管、固定、安装管件、压接地线等。

单位:100m

定额编号				2-B23	2-B24	2-B25	2-B26	2-B27
项目				吊顶内敷设				
				钢管公称直径(mm以内)				
				15	20	25	32	40
综合单价(元)				**745.58**	**807.87**	**895.88**	**983.86**	**1041.16**
其中	人工费(元)			338.41	371.95	409.79	450.21	497.08
	材料费(元)			180.14	186.58	211.39	231.99	207.55
	机械费(元)			18.47	20.11	22.15	24.20	30.19
	管理费(元)			125.92	138.40	152.48	167.52	184.96
	利润(元)			82.64	90.83	100.07	109.94	121.38
名称		单位	单价(元)	数量				
综合工日		工日	43.00	(7.87)	(8.65)	(9.53)	(10.47)	(11.56)
定额工日		工日	43.00	7.870	8.650	9.530	10.470	11.560
镀锌钢管 DN15		m	—	(103.00)	—	—	—	—
镀锌钢管 DN20		m	—	—	(103.00)	—	—	—
镀锌钢管 DN25		m	—	—	—	(103.00)	—	—

续表

单位:100m

定额编号			2-B23	2-B24	2-B25	2-B26	2-B27
项目			吊顶内敷设				
			钢管公称直径(mm以内)				
			15	20	25	32	40
名称	单位	单价(元)	数量				
镀锌钢管 DN32	m	—	—	—	—	(103.00)	—
镀锌钢管 DN40	m	—	—	—	—	—	(103.00)
镀锌钢管接头 DN15 室内	个	0.72	25.750	—	—	—	—
镀锌钢管接头 DN20 室内	个	0.97	—	25.750	—	—	—
镀锌钢管接头 DN25 室内	个	1.54	—	—	25.750	—	—
镀锌钢管接头 DN32 室内	个	2.34	—	—	—	25.750	—
镀锌钢管接头 DN40 室内	个	2.81	—	—	—	—	25.750
镀锌管卡子 (电线管用) DN15	个	0.60	144.200	—	—	—	—
镀锌管卡子 (电线管用) DN20	个	0.60	—	144.200	—	—	—
镀锌管卡子 (电线管用) DN32	个	1.40	—	—	—	85.490	—
镀锌管卡子 (电线管用) DN25	个	1.40	—	—	85.490	—	—
镀锌管卡子 (电线管用) DN40	个	1.40	—	—	—	—	67.390

续表

单位:100m

定额编号			2-B23	2-B24	2-B25	2-B26	2-B27
项目			吊顶内敷设				
			钢管公称直径(mm以内)				
			15	20	25	32	40
名称	单位	单价(元)	数量				
镀锌铁丝 22#	kg	6.00	0.250	0.250	0.250	0.250	0.250
绝缘导线 BV-4mm²	m	2.77	13.230	13.230	10.180	10.180	8.550
镀锌自攻螺钉 Φ4～6×10～16	10个	0.21	2.912	2.912	1.726	1.726	0.686
塑料胀管 Φ6	个	0.08	294.000	294.000	174.000	174.000	69.000
金属胀锚螺栓 M6×50	套	0.50	—	—	—	—	6.740
冲击钻头 Φ12	个	6.00	1.940	1.940	1.150	1.150	0.910
砂轮片 Φ400	片	23.28	0.050	0.050	0.050	0.050	0.050
电锤 520W	台班	9.03	1.500	1.500	1.000	1.000	0.800
电动煨弯机 Φ100以内	台班	81.98	—	—	0.060	0.060	0.130
砂轮切割机 Φ500	台班	41.02	0.120	0.160	0.200	0.250	0.300

三、嵌入式荧光灯

工作内容：测位、划线、打眼、埋螺栓、支架制作安装、灯具组装、接线、接地、接焊包头。

单位:10套

定额编号				2-B28	2-B29	2-B30	2-B31
项目				嵌入式荧光灯			
				单管	双管	三管	四管
综合单价（元）				199.20	238.12	260.36	282.60
其中	人工费（元）			93.31	117.39	131.15	144.91
	材料费（元）			48.38	48.38	48.38	48.38
	机械费（元）			—	—	—	—
	管理费（元）			34.72	43.68	48.80	53.92
	利润（元）			22.79	28.67	32.03	35.39
名称		单位	单价(元)	数量			
综合工日		工日	43.00	(2.17)	(2.73)	(3.05)	(3.37)
定额工日		工日	43.00	2.170	2.730	3.050	3.370
成套灯具		套	—	(10.10)	(10.10)	(10.10)	(10.10)
绝缘导线 BV-2.5mm²		m	1.77	23.410	23.410	23.410	23.410
自攻螺丝 M6×30		个	0.05	53.000	53.000	53.000	53.000
冲击钻头 Φ6～8		个	4.50	0.820	0.820	0.820	0.820
黑胶布 20mm×20m		卷	1.50	0.150	0.150	0.150	0.150
橡胶带 自粘性20mm×5m		卷	3.20	0.120	0.120	0.120	0.120

四、消防水炮安装

工作内容：场内搬运、定位、制加垫、紧螺栓、调试。

单位:台

定额编号				7-B1
项目				消防水炮安装
综合单价（元）				222.39
其中	人工费（元）			133.30
	材料费（元）			6.94
	机械费（元）			—
	管理费（元）			49.60
	利润（元）			32.55
名称		单位	单价(元)	数量
综合工日		工日	43.00	(3.10)
定额工日		工日	43.00	3.100
消防水炮		台	—	(1.00)
棉纱头		kg	5.08	0.010
清油		kg	20.00	0.020
石棉橡胶板 δ0.8～6 低压		kg	12.00	0.170
厚漆		kg	8.50	0.100
螺栓 带帽16×65～80		套	0.90	4.000

五、室外聚丙烯塑料给水管安装（热熔或电熔连接）

工作内容：材料搬运、清理沟槽、检查及清扫管材、切管、调直、预热、管件熔接、水压试验。

单位:10m

定额编号				8-B1	8-B2	8-B3	8-B4	8-B5
项目				管道外径(mm以内)				
				20	25	32	40	50
综合单价（元）				39.25	49.23	52.71	65.03	71.59
其中	人工费（元）			19.78	24.51	24.51	26.66	26.66
	材料费（元）			6.65	8.98	12.46	21.12	27.68
	机械费（元）			0.63	0.63	0.63	0.82	0.82
	管理费（元）			7.36	9.12	9.12	9.92	9.92
	利润（元）			4.83	5.99	5.99	6.51	6.51
名称		单位	单价(元)	数量				
综合工日		工日	43.00	(0.46)	(0.57)	(0.57)	(0.62)	(0.62)
定额工日		工日	43.00	0.460	0.570	0.570	0.620	0.620
聚丙烯塑料给水管 Φ20 室外		m	—	(10.15)	—	—	—	—
聚丙烯塑料给水管 Φ25 室外		m	—	—	(10.15)	—	—	—
聚丙烯塑料给水管 Φ32 室外		m	—	—	—	(10.15)	—	—
聚丙烯塑料给水管 Φ40 室外		m	—	—	—	—	(10.15)	—

续表

单位：10m

定额编号			8-B1	8-B2	8-B3	8-B4	8-B5
项目			管道外径(mm以内)				
			20	25	32	40	50
名称	单位	单价(元)	数量				
聚丙烯塑料给水管 Φ50 室外	m	—	—	—	—	—	(10.15)
聚丙烯塑料给水管接头 Φ20 室外	个	2.33	2.480	—	—	—	—
聚丙烯塑料给水管接头 Φ25 室外	个	3.23	—	2.500	—	—	—
聚丙烯塑料给水管接头 Φ32 室外	个	4.65	—	—	2.500	—	—
聚丙烯塑料给水管接头 Φ40 室外	个	7.67	—	—	—	2.500	—
聚丙烯塑料给水管接头 Φ50 室外	个	10.55	—	—	—	—	2.280
钢锯条	根	0.80	0.770	0.770	0.570	0.180	—
棉纱头	kg	5.08	0.010	0.010	0.010	0.010	0.010
尼龙砂轮片 Φ100×16×3	片	22.50	—	—	—	0.060	0.080
尼龙砂轮片 Φ400	片	41.71	—	—	—	—	0.030
水	m^3	4.05	0.050	0.060	0.080	0.100	0.130
热熔焊接机 SH-63	台班	15.84	0.040	0.040	0.040	0.040	0.040
砂轮切割机 Φ350	台班	18.29	—	—	—	0.010	0.010

单位:10m

定额编号			8-B6	8-B7	8-B8	8-B9	8-B10
项目			管道外径(mm以内)				
			63	75	90	110	140
综合单价(元)			102.68	114.11	141.41	221.27	122.68
其中	人工费(元)		32.68	34.40	37.41	43.43	60.63
	材料费(元)		48.89	54.78	76.62	145.37	17.11
	机械费(元)		0.97	3.73	4.32	5.70	7.57
	管理费(元)		12.16	12.80	13.92	16.16	22.56
	利润(元)		7.98	8.40	9.14	10.61	14.81
名称	单位	单价(元)	数量				
综合工日	工日	43.00	(0.76)	(0.80)	(0.87)	(1.01)	(1.41)
定额工日	工日	43.00	0.760	0.800	0.870	1.010	1.410
聚丙烯塑料给水管 Φ63 室外	m	—	(10.15)	—	—	—	—
聚丙烯塑料给水管 Φ75 室外	m	—	—	(10.15)	—	—	—
聚丙烯塑料给水管 Φ90 室外	m	—	—	—	(10.15)	—	—
聚丙烯塑料给水管 Φ110 室外	m	—	—	—	—	(10.15)	—
聚丙烯塑料给水管 Φ140 室外	m	—	—	—	—	—	(10.15)

续表　　　　　　　　　　　　　　　　　　　　　　　　　　单位:10m

定　额　编　号			8-B6	8-B7	8-B8	8-B9	8-B10
项　目			管道外径(mm以内)				
			63	75	90	110	140
名　称	单位	单价(元)	数　量				
聚丙烯塑料给水管接头 Φ63 室外	个	19.25	2.300	—	—	—	—
聚丙烯塑料给水管接头 Φ75 室外	个	27.33	—	1.760	—	—	—
聚丙烯塑料给水管接头 Φ90 室外	个	40.00	—	—	1.720	—	—
聚丙烯塑料给水管接头 Φ110 室外	个	80.00	—	—	—	1.630	—
聚丙烯塑料给水管接头 Φ140 室外	个	—	—	—	—	—	(1.59)
尼龙砂轮片 Φ100×16×3	片	22.50	0.100	0.130	0.140	0.160	—
尼龙砂轮片 Φ400	片	41.71	0.040	0.070	0.090	0.240	0.370
棉纱头	kg	5.08	0.010	0.020	0.020	0.020	0.020
水	m^3	4.05	0.160	0.180	0.200	0.310	0.390
热熔焊接机 SH-63	台班	15.84	0.050	—	—	—	—
砂轮切割机 Φ350	台班	18.29	0.010	0.010	0.010	0.010	0.010
热熔焊接机 SHD-160C	台班	59.17	—	0.060	0.070	0.090	0.120
试压泵 25MPa	台班	19.19	—	—	—	0.010	0.015

单位:10m

定额编号				8-B11	8-B12	8-B13	8-B14
项目				管道外径(mm以内)			
				160	200	250	315
综合单价(元)				**125.47**	**154.82**	**204.41**	**208.02**
其中	人工费(元)			64.50	72.67	99.33	99.33
	材料费(元)			18.37	21.10	24.05	22.92
	机械费(元)			2.85	16.26	19.81	24.55
	管理费(元)			24.00	27.04	36.96	36.96
	利润(元)			15.75	17.75	24.26	24.26
名称		单位	单价(元)	数量			
综合工日		工日	43.00	(1.50)	(1.69)	(2.31)	(2.31)
定额工日		工日	43.00	1.500	1.690	2.310	2.310
聚丙烯塑料给水管 Φ160 室外		m	—	(10.15)	—	—	—
聚丙烯塑料给水管 Φ200 室外		m	—	—	(10.15)	—	—
聚丙烯塑料给水管 Φ250 室外		m	—	—	—	(10.15)	—
聚丙烯塑料给水管 Φ315 室外		m	—	—	—	—	(10.15)
聚丙烯塑料给水管接头 Φ160 室外		个	—	(1.51)	—	—	—

续表　　单位:10m

定额编号			8-B11	8-B12	8-B13	8-B14
项目			管道外径(mm以内)			
			160	200	250	315
名称	单位	单价(元)	数量			
聚丙烯塑料给水管接头 Φ200 室外	个	—	—	(1.51)	—	—
聚丙烯塑料给水管接头 Φ250 室外	个	—	—	—	(1.51)	—
聚丙烯塑料给水管接头 Φ315 室外	个	—	—	—	—	(1.51)
尼龙砂轮片 Φ400	片	41.71	0.370	0.420	0.470	0.420
棉纱头	kg	5.08	0.020	0.020	0.020	0.020
电	kW·h	0.63	2.000	2.500	3.100	3.850
水	m^3	4.05	0.390	0.470	0.590	0.710
热熔焊接机 SH-63	台班	15.84	0.150	—	—	—
砂轮切割机 Φ350	台班	18.29	0.010	0.027	0.027	0.027
热熔焊接机 SHD-160C	台班	59.17	—	0.260	0.320	0.400
试压泵 25MPa	台班	19.19	0.015	0.020	0.020	0.020

六、室内聚丙烯塑料给水管安装（热熔或电熔连接）

工作内容：检查及清扫管材、切管、管件熔连、管道安装、水压试验。

单位：10m

定额编号				8-B15	8-B16	8-B17
项目				管道外径（mm以内）		
				140	160	200
综合单价（元）				**213.19**	**217.86**	**314.78**
其中	人工费（元）			124.27	126.42	140.61
	材料费（元）			3.50	4.35	5.41
	机械费（元）			8.83	9.18	82.10
	管理费（元）			46.24	47.04	52.32
	利润（元）			30.35	30.87	34.34
名称		单位	单价（元）	数量		
综合工日		工日	43.00	(2.89)	(2.94)	(3.27)
定额工日		工日	43.00	2.890	2.940	3.270
聚丙烯塑料给水管 Φ140 室内		m	—	(10.20)	—	—
聚丙烯塑料给水管 Φ160 室内		m	—	—	(10.20)	—
聚丙烯塑料给水管 Φ200 室内		m	—	—	—	(10.20)
聚丙烯塑料给水管接头 Φ140 室内		个	—	(2.30)	—	—

续表 单位:10m

定额编号			8-B15	8-B16	8-B17
项目			管道外径(mm以内)		
			140	160	200
名称	单位	单价(元)	数量		
聚丙烯塑料给水管接头 Φ160 室内	个	—	—	(2.30)	—
聚丙烯塑料给水管接头 Φ200 室内	个	—	—	—	(1.85)
尼龙砂轮片 Φ100×16×3	片	22.50	0.115	0.144	0.173
棉纱头	kg	5.08	0.020	0.020	0.020
水	m^3	4.05	0.200	0.250	0.350
砂轮切割机 Φ350	台班	18.29	0.079	0.098	0.117
热熔焊接机 SHD-630	台班	284.20	—	—	0.280
热熔焊接机 SHD-160C	台班	59.17	0.120	0.120	—
试压泵 25MPa	台班	19.19	0.015	0.015	0.020

七、铜管安装(螺纹连接)

工作内容：检查及清扫管材、管道及管件安装、水压试验。

单位:10m

定额编号				8-B18	8-B19	8-B20	8-B21	8-B22
项目				公称直径(mm以内)				
				15	20	25	32	40
综合单价(元)				99.80	107.06	112.84	122.78	129.96
其中	人工费(元)			58.05	62.35	64.93	71.81	76.11
	材料费(元)			5.97	6.28	7.05	5.68	5.91
	机械费(元)			—	—	0.84	1.03	1.03
	管理费(元)			21.60	23.20	24.16	26.72	28.32
	利润(元)			14.18	15.23	15.86	17.54	18.59
名称		单位	单价(元)	数量				
综合工日		工日	43.00	(1.35)	(1.45)	(1.51)	(1.67)	(1.77)
定额工日		工日	43.00	1.350	1.450	1.510	1.670	1.770
铜管 DN15		m	—	(10.25)	—	—	—	—
铜管 DN20		m	—	—	(10.25)	—	—	—

续表

单位:10m

定额编号			8-B18	8-B19	8-B20	8-B21	8-B22
项目			公称直径(mm以内)				
			15	20	25	32	40
名称	单位	单价(元)	数量				
铜管 DN25	m	—	—	—	(10.25)	—	—
铜管 DN32	m	—	—	—	—	(10.25)	—
铜管 DN40	m	—	—	—	—	—	(10.25)
钢锯条	根	0.80	3.790	3.410	2.550	2.410	2.670
机械油 20～30#	kg	8.00	0.230	0.170	0.170	0.160	0.170
砂轮片 Φ400	片	23.28	—	—	0.050	0.050	0.050
镀锌铁丝 8#	kg	4.20	0.140	0.390	0.440	0.150	0.010
破布	kg	3.10	0.100	0.100	0.100	0.100	0.220
水	m^3	4.05	0.050	0.060	0.080	0.090	0.130
砂轮切割机 Φ350	台班	18.29	—	—	0.010	0.020	0.020
管子切断套丝机 Φ159	台班	22.03	—	—	0.030	0.030	0.030

单位:10m

定额编号				8-B23	8-B24	8-B25	8-B26
项目				公称直径(mm以内)			
				50	65	80	100
综合单价(元)				166.29	196.65	205.79	191.56
其中	人工费(元)			96.32	114.81	120.40	111.80
	材料费(元)			7.75	8.18	8.07	7.92
	机械费(元)			2.86	2.90	3.12	2.94
	管理费(元)			35.84	42.72	44.80	41.60
	利润(元)			23.52	28.04	29.40	27.30
名称		单位	单价(元)	数量			
综合工日		工日	43.00	(2.24)	(2.67)	(2.80)	(2.60)
定额工日		工日	43.00	2.240	2.670	2.800	2.600
铜管 DN50		m	—	(10.25)	—	—	—
铜管 DN70		m	—	—	(10.25)	—	—
铜管 DN80		m	—	—	—	(10.25)	—
铜管 DN100		m	—	—	—	—	(10.25)

续表

单位:10m

定额编号			8-B23	8-B24	8-B25	8-B26
项目			公称直径(mm以内)			
			50	65	80	100
名称	单位	单价(元)	数量			
钢锯条	根	0.80	1.330	—	—	—
砂轮片 Φ400	片	23.28	0.150	0.220	0.210	0.210
机械油 20～30#	kg	8.00	0.200	0.130	0.110	0.040
镀锌铁丝 8#	kg	4.20	0.040	0.100	0.060	0.070
破布	kg	3.10	0.250	0.280	0.320	0.350
水	m^3	4.05	0.160	0.180	0.260	0.330
砂轮切割机 Φ350	台班	18.29	0.060	0.050	0.050	0.030
管子切断套丝机 Φ159	台班	22.03	0.080	0.090	0.100	0.100
试压泵 25MPa	台班	19.19	—	—	—	0.010

八、铜管安装(焊接)

工作内容：检查及清扫管材、找坡度及标高、切管坡口、调直、焊接、水压试验。

单位:10m

定额编号			8-B27	8-B28	8-B29	8-B30	8-B31	8-B32
项目			公称直径(mm以内)					
			15	20	25	32	40	50
综合单价(元)			**140.43**	**163.37**	**178.46**	**204.50**	**246.52**	**284.06**
其中	人工费(元)		73.96	85.57	91.59	104.92	120.40	133.30
	材料费(元)		20.89	25.06	29.35	33.44	50.44	64.39
	机械费(元)		—	—	1.07	1.48	1.48	4.22
	管理费(元)		27.52	31.84	34.08	39.04	44.80	49.60
	利润(元)		18.06	20.90	22.37	25.62	29.40	32.55
名称	单位	单价(元)	数量					
综合工日	工日	43.00	(1.72)	(1.99)	(2.13)	(2.44)	(2.80)	(3.10)
定额工日	工日	43.00	1.720	1.990	2.130	2.440	2.800	3.100
铜管 DN15	m	—	(10.25)	—	—	—	—	—
铜管 DN20	m	—	—	(10.25)	—	—	—	—
铜管 DN25	m	—	—	—	(10.25)	—	—	—
铜管 DN32	m	—	—	—	—	(10.25)	—	—

续表

单位:10m

定额编号			8-B27	8-B28	8-B29	8-B30	8-B31	8-B32
项目			公称直径(mm以内)					
			15	20	25	32	40	50
名称	单位	单价(元)	数量					
铜管 DN40	m	—	—	—	—	—	(10.25)	—
铜管 DN50	m	—	—	—	—	—	—	(10.25)
氧气	m^3	2.50	0.460	0.540	0.630	0.930	1.230	1.410
乙炔气	m^3	12.50	0.200	0.230	0.270	0.400	—	0.610
铜气焊丝	kg	70.00	0.140	0.180	0.220	0.250	0.360	0.580
铜气焊熔剂 气剂301	kg	48.93	0.030	0.040	0.040	0.060	0.080	0.100
钢锯条	根	0.80	3.790	3.410	2.550	2.410	2.670	1.330
机械油 20～30#	kg	8.00	0.230	0.170	0.170	0.160	0.170	0.200
砂轮片 Φ400	片	23.28	—	—	0.050	0.050	0.580	0.150
镀锌铁丝 8#	kg	4.20	0.140	0.390	0.440	0.150	0.010	0.040
破布	kg	3.10	0.100	0.100	0.100	0.100	0.220	0.250
水	m^3	4.05	0.050	0.060	0.080	0.090	0.130	0.160
砂轮切割机 Φ400	台班	41.02	—	—	0.010	0.020	0.020	0.060
管子切断套丝机 Φ159	台班	22.03	—	—	0.030	0.030	0.030	0.080

单位:10m

定　额　编　号				8-B33	8-B34	8-B35	8-B36	8-B37
项　目				公称直径(mm以内)				
				65	80	100	125	150
综　合　单　价（元）				311.22	367.21	425.91	451.94	504.44
其中	人　工　费（元）			142.33	156.95	170.28	172.43	175.44
	材　料　费（元）			77.14	109.28	137.82	159.37	173.80
	机　械　费（元）			4.03	4.25	10.48	11.49	41.78
	管　理　费（元）			52.96	58.40	64.80	65.60	68.48
	利　润（元）			34.76	38.33	42.53	43.05	44.94
名　称		单位	单价(元)	数　量				
综合工日		工日	43.00	(3.31)	(3.65)	(4.05)	(4.10)	(4.28)
定额工日		工日	43.00	3.310	3.650	3.960	4.010	4.080
铜管 DN70		m	—	(10.25)	—	—	—	—
铜管 DN80		m	—	—	(10.25)	—	—	—
铜管 DN100		m	—	—	—	(10.25)	—	—
铜管 DN125		m	—	—	—	—	(10.25)	—
铜管 DN150		m	—	—	—	—	—	(10.25)
氧气		m^3	2.50	1.670	2.310	2.610	3.690	3.980

续表

单位:10m

定额编号			8-B33	8-B34	8-B35	8-B36	8-B37
项目			公称直径(mm以内)				
			65	80	100	125	150
名称	单位	单价(元)	数量				
乙炔气	m^3	12.50	0.720	1.000	1.140	1.600	1.730
铜气焊丝	kg	70.00	0.720	1.080	1.440	1.580	1.800
铜气焊熔剂 气剂301	kg	48.93	0.110	0.150	0.170	0.240	0.260
砂轮片 Φ400	片	23.28	0.220	0.210	0.210	0.190	—
机械油 20～30#	kg	8.00	0.130	0.110	0.040	0.030	0.030
镀锌铁丝 8#	kg	4.20	0.100	0.060	0.070	0.080	0.020
破布	kg	3.10	0.280	0.320	0.350	0.380	0.400
水	m^3	4.05	0.180	0.260	0.330	0.400	0.480
砂轮切割机 Φ400	台班	41.02	0.050	0.050	0.030	0.050	—
汽车式起重机 5t	台班	364.10	—	—	—	—	0.080
管子切断套丝机 Φ159	台班	22.03	0.090	0.100	—	—	—
普通车床 Φ400×2000	台班	100.66	—	—	0.090	0.090	0.120
试压泵 25MPa	台班	19.19	—	—	0.010	0.020	0.030

九、地板辐射采暖管安装

工作内容：清理地面、铺保温板、检查及清扫管材、剪管、调直、管道排布、绑扎、固定、与分集水器连接、水压试验、配合地面浇注。

单位：10m²

定额编号				8-B38	8-B39	8-B40	8-B41	8-B42	8-B43
项目				管道敷设间距200mm		管道敷设间距250mm		管道敷设间距300mm	
				管道外径(mm以内)					
				20	25	20	25	20	25
综合单价(元)				**211.09**	**219.82**	**206.81**	**213.43**	**205.62**	**212.92**
其中	人工费(元)			30.10	35.26	27.52	31.39	26.66	30.96
	材料费(元)			162.44	162.83	162.33	162.69	162.53	162.88
	机械费(元)			—	—	—	—	—	—
	管理费(元)			11.20	13.12	10.24	11.68	9.92	11.52
	利润(元)			7.35	8.61	6.72	7.67	6.51	7.56
名称		单位	单价(元)	数量					
综合工日		工日	43.00	(0.70)	(0.82)	(0.64)	(0.73)	(0.62)	(0.72)
定额工日		工日	43.00	0.700	0.820	0.640	0.730	0.620	0.720

续表 单位:10m²

定额编号			8-B38	8-B39	8-B40	8-B41	8-B42	8-B43
项目			管道敷设间距200mm		管道敷设间距250mm		管道敷设间距300mm	
			管道外径(mm以内)					
			20	25	20	25	20	25
名称	单位	单价(元)	数量					
地板辐射采暖管 管外径 20	m	—	(48.40)	—	(44.60)	—	(42.30)	—
地板辐射采暖管 管外径 25	m	—	—	(48.40)	—	(44.60)	—	(42.30)
塑料管卡子 Φ20	个	0.12	74.900	—	69.500	—	65.500	—
塑料管卡子 Φ25	个	0.12	—	74.900	—	69.500	—	65.500
水	m^3	4.05	0.291	0.387	0.267	0.356	0.253	0.338
聚苯乙烯泡沫塑料板 30mm	m^2	14.00	10.020	10.020	10.020	10.020	10.020	10.020
塑料薄膜 0.2mm	m^2	1.00	10.020	10.020	10.020	10.020	10.020	10.020
其他材料费	元	1.00	1.970	1.970	2.610	2.610	3.350	3.350

十、卡箍式铸铁排水管安装

工作内容：检查及清扫管材、切管、上胶圈、管道及管件安装、不锈钢卡箍接口、调直、找坡度、找平找正、紧固螺栓、灌水试验。

单位：10m

定额编号				8-B44	8-B45	8-B46	8-B47	8-B48
项目				公称直径(mm以内)				
				50	75	100	150	200
综合单价（元）				**341.26**	**483.73**	**777.91**	**772.78**	**888.39**
其中	人工费（元）			89.01	104.49	131.58	151.36	172.86
	材料费（元）			195.54	311.89	562.29	524.45	605.31
	机械费（元）			1.85	2.95	2.95	3.69	3.69
	管理费（元）			33.12	38.88	48.96	56.32	64.32
	利润（元）			21.74	25.52	32.13	36.96	42.21
名称		单位	单价(元)	数量				
综合工日		工日	43.00	(2.07)	(2.43)	(3.06)	(3.52)	(4.02)
定额工日		工日	43.00	2.070	2.430	3.060	3.520	4.020
铸铁排水管 DN50 柔性		m	—	(8.80)	—	—	—	—
铸铁排水管 DN75 柔性		m	—	—	(9.30)	—	—	—
铸铁排水管 DN100 柔性		m	—	—	—	(8.90)	—	—

续表

单位:10m

定额编号			8-B44	8-B45	8-B46	8-B47	8-B48
项目			公称直径(mm以内)				
			50	75	100	150	200
名称	单位	单价(元)	数量				
铸铁排水管 DN150 柔性	m	—	—	—	—	(9.60)	—
铸铁排水管 DN200 柔性	m	—	—	—	—	—	(9.80)
铸铁卡箍式(柔性)排水管 三通 DN50	个	11.74	1.090	—	—	—	—
铸铁卡箍式(柔性)排水管 四通 DN75	个	30.16	—	0.130	—	—	—
铸铁卡箍式(柔性)排水管 三通 DN100	个	35.74	—	—	4.270	—	—
铸铁卡箍式(柔性)排水管 三通 DN150	个	89.20	—	—	—	2.360	—
铸铁卡箍式(柔性)排水管 三通 DN200	个	128.66	—	—	—	—	2.040
铸铁卡箍式(柔性)排水管 90° 弯头 DN50	个	10.30	5.280	—	—	—	—
铸铁卡箍式(柔性)排水管 异径管 DN75×50	个	4.38	—	0.160	—	—	—
铸铁卡箍式(柔性)排水管 90° 弯头 DN100	个	24.06	—	—	3.930	—	—
铸铁卡箍式(柔性)排水管 90° 弯头 DN150	个	47.31	—	—	—	1.270	—
铸铁卡箍式(柔性)排水管 90° 弯头 DN200	个	73.49	—	—	—	—	1.710

续表

单位:10m

定额编号			8-B44	8-B45	8-B46	8-B47	8-B48
项目			公称直径(mm以内)				
			50	75	100	150	200
名称	单位	单价(元)	数量				
铸铁卡箍式(柔性)排水管 检查口 DN50	个	11.85	0.200	—	—	—	—
铸铁卡箍式(柔性)排水管 三通 DN75	个	20.61	—	1.850	—	—	—
铸铁卡箍式(柔性)排水管 四通 DN100	个	52.89	—	—	0.240	—	—
铸铁卡箍式(柔性)排水管 四通 DN150	个	132.54	—	—	—	0.170	—
铸铁卡箍式(柔性)排水管 不锈钢卡箍 DN200	个	27.41	—	—	—	—	7.500
铸铁卡箍式(柔性)排水管 不锈钢卡箍 DN50	个	9.14	13.140	—	—	—	—
铸铁卡箍式(柔性)排水管 90° 弯头 DN75	个	15.88	—	1.520	—	—	—
铸铁卡箍式(柔性)排水管 检查口 DN100	个	27.95	—	—	0.770	—	—
铸铁卡箍式(柔性)排水管 检查口 DN150	个	46.35	—	—	—	0.010	—
砂轮片 Φ400	片	23.28	0.180	0.340	0.340	0.400	0.400
铸铁卡箍式(柔性)排水管 检查口 DN75	个	18.23	—	2.660	—	—	—

续表　　　　　　　　　　　　　　　　　　　　　　　　　　　　　　　单位:10m

定　额　编　号			8-B44	8-B45	8-B46	8-B47	8-B48
项　　　目			公称直径(mm以内)				
			50	75	100	150	200
名　　称	单位	单价(元)	数　　量				
铸铁卡箍式(柔性)排水管 异径管 DN 100×75	个	6.50	—	—	0.300	—	—
铸铁卡箍式(柔性)排水管 异径管 DN 150×100	个	12.09	—	—	—	0.340	—
水	m^3	4.05	0.020	0.090	0.090	0.280	0.510
铸铁卡箍式(柔性)排水管 不锈钢卡箍 DN75	个	10.35	—	18.080	—	—	—
铸铁卡箍式(柔性)排水管 不锈钢卡箍 DN100	个	12.79	—	—	21.100	—	—
铸铁卡箍式(柔性)排水管 不锈钢卡箍 DN150	个	21.31	—	—	—	10.140	—
镀锌铁丝 8#	kg	4.20	0.380	0.250	0.180	0.040	0.030
棉纱头	kg	5.08	0.004	0.010	0.010	0.010	0.020
砂轮切割机 Φ400	台班	41.02	0.045	0.072	0.072	0.090	0.090

十一、钢制柱式散热器安装

工作内容：预埋螺栓、汽包及钩架安装、稳固。

单位:组

定额编号				8-B49	8-B50
项目				钢制柱式散热器安装	
				片数	
				13～20片	21～30片
综合单价（元）				**47.21**	**73.64**
其中	人工费（元）			21.50	35.26
	材料费（元）			12.46	16.65
	机械费（元）			—	—
	管理费（元）			8.00	13.12
	利润（元）			5.25	8.61
名称		单位	单价(元)	数量	
综合工日		工日	43.00	(0.50)	(0.82)
定额工日		工日	43.00	0.500	0.820
钢制柱式散热器		组	—	(1.00)	(1.00)
汽包补芯 DN38		个	0.50	2.080	2.080

续表　　　　　　　　　　　　　　　　　　　　　　　　　　　　　　　　　　单位:组

定额编号			8-B49	8-B50
项目			钢制柱式散热器安装	
			片数	
			13～20片	21～30片
名称	单位	单价(元)	数量	
汽包丝堵 DN38	个	1.00	2.080	2.080
汽包托钩	个	1.00	6.300	9.450
水泥 32.5	kg	0.28	1.000	1.000
石棉橡胶板 δ3～6	kg	19.00	0.050	0.050
砂布	张	0.56	2.290	3.710
砂子 中粗	m^3	80.00	0.004	0.006
厚漆	kg	8.50	0.010	0.010
水	m^3	4.05	0.030	0.050

十二、分户采暖用分、集水器安装

工作内容：场内运输、外观检查、就位安装、稳固、找平、找正、水压试验。

单位:台

定额编号				8-B51	8-B52	8-B53	8-B54	8-B55
项目				螺纹连接				
				缸体公称直径(mm以内)				
				32	40	50	80	100
综合单价（元）				25.78	31.56	41.00	59.20	82.83
其中	人工费（元）			15.05	18.49	24.08	34.83	49.45
	材料费（元）			1.45	1.67	2.08	2.90	2.90
	机械费（元）			—	—	—	—	—
	管理费（元）			5.60	6.88	8.96	12.96	18.40
	利润（元）			3.68	4.52	5.88	8.51	12.08
名称		单位	单价(元)	数量				
综合工日		工日	43.00	(0.35)	(0.43)	(0.56)	(0.81)	(1.15)
定额工日		工日	43.00	0.350	0.430	0.560	0.810	1.150
分、集水器 地暖用		个	—	(1.00)	(1.00)	(1.00)	(1.00)	(1.00)
聚四氟乙烯生料带 d=20		m	0.50	1.880	2.320	3.040	4.390	4.390
冲击钻头 Φ6～8		个	4.50	0.080	0.080	0.080	0.100	0.100
棉纱头		kg	5.08	0.030	0.030	0.040	0.050	0.050

十三、户用热量表安装

工作内容：外观检查、切管、套丝、表卡安装、热量表及阀门连接、找平、找正、单体调校、挂牌、试水。

单位:组

定额编号				8-B56	8-B57	8-B58	8-B59
项目				户用一体化热量表安装			
				公称直径(mm以内)			
				15	20	25	32
综合单价（元）				167.98	170.71	176.51	197.24
其中	人工费（元）			98.90	98.90	101.48	111.80
	材料费（元）			5.93	8.66	10.07	13.90
	机械费（元）			2.20	2.20	2.42	2.64
	管理费（元）			36.80	36.80	37.76	41.60
	利润（元）			24.15	24.15	24.78	27.30
名称		单位	单价(元)	数量			
综合工日		工日	43.00	(2.30)	(2.30)	(2.36)	(2.60)
定额工日		工日	43.00	2.300	2.300	2.360	2.600
一体化热量表 DN15		个	—	(1.00)	—	—	—
一体化热量表 DN20		个	—	—	(1.00)	—	—

续表 单位:组

定额编号			8-B56	8-B57	8-B58	8-B59
项目			户用一体化热量表安装			
			公称直径(mm以内)			
			15	20	25	32
名称	单位	单价(元)	数量			
一体化热量表 DN25	个	—	—	—	(1.00)	—
一体化热量表 DN32	个	—	—	—	—	(1.00)
锁闭调节阀 DN15	个	—	(2.02)	—	—	—
锁闭调节阀 DN20	个	—	—	(2.02)	—	—
锁闭调节阀 DN25	个	—	—	—	(2.02)	—
锁闭调节阀 DN32	个	—	—	—	—	(2.02)
测温球阀 DN15	个	—	(2.02)	—	—	—
测温球阀 DN20	个	—	—	(2.02)	—	—
测温球阀 DN25	个	—	—	—	(2.02)	—
测温球阀 DN32	个	—	—	—	—	(2.02)
过滤器 DN15	个	—	(1.01)	—	—	—
过滤器 DN20	个	—	—	(1.01)	—	—
过滤器 DN25	个	—	—	—	(1.01)	—

续表

单位:组

定额编号			8-B56	8-B57	8-B58	8-B59
项目			户用一体化热量表安装			
			公称直径(mm以内)			
			15	20	25	32
名称	单位	单价(元)	数量			
过滤器 DN32	个	—	—	—	—	(1.01)
活接头 DN15	个	1.90	2.020	—	—	—
活接头 DN20	个	3.00	—	2.020	—	—
活接头 DN25	个	3.20	—	—	2.020	—
活接头 DN32	个	4.60	—	—	—	2.020
位号牌	个	0.50	1.000	1.000	1.000	1.000
机械油 20~30#	kg	8.00	0.012	0.012	0.013	0.014
聚四氟乙烯生料带 d=20	m	0.50	3.000	4.000	6.000	8.000
管子切断套丝机 Φ159	台班	22.03	0.100	0.100	0.110	0.120

单位:组

定额编号				8-B60	8-B61	8-B62	8-B63
项目				户用远传热量表安装			
				公称直径(mm以内)			
				15	20	25	32
综合单价(元)				277.02	279.95	287.74	307.61
其中	人工费(元)			164.26	164.26	167.70	177.16
	材料费(元)			9.33	12.26	14.27	18.63
	机械费(元)			2.20	2.20	2.42	2.64
	管理费(元)			61.12	61.12	62.40	65.92
	利润(元)			40.11	40.11	40.95	43.26
名称		单位	单价(元)	数量			
综合工日		工日	43.00	(3.82)	(3.82)	(3.90)	(4.12)
定额工日		工日	43.00	3.820	3.820	3.900	4.120
远传热量表 DN15		个	—	(1.00)	—	—	—
远传热量表 DN20		个	—	—	(1.00)	—	—
远传热量表 DN25		个	—	—	—	(1.00)	—
远传热量表 DN32		个	—	—	—	—	(1.00)

续表

单位:组

定额编号			8-B60	8-B61	8-B62	8-B63
项目			户用远传热量表安装			
			公称直径(mm以内)			
			15	20	25	32
名称	单位	单价(元)	数量			
锁闭调节阀 DN15	个	—	(2.02)	—	—	—
锁闭调节阀 DN20	个	—	—	(2.02)	—	—
锁闭调节阀 DN25	个	—	—	—	(2.02)	—
锁闭调节阀 DN32	个	—	—	—	—	(2.02)
测温球阀 DN15	个	—	(2.02)	—	—	—
测温球阀 DN20	个	—	—	(2.02)	—	—
测温球阀 DN25	个	—	—	—	(2.02)	—
测温球阀 DN32	个	—	—	—	—	(2.02)
过滤器 DN15	个	—	(1.01)	(1.01)	—	—
过滤器 DN25	个	—	—	—	(1.01)	—
过滤器 DN32	个	—	—	—	—	(1.01)
活接头 DN15	个	1.90	2.020	—	—	—
活接头 DN20	个	3.00	—	2.020	—	—

续表

单位:组

定额编号			8-B60	8-B61	8-B62	8-B63
项目			户用远传热量表安装			
			公称直径(mm以内)			
			15	20	25	32
名称	单位	单价(元)	数量			
活接头 DN25	个	3.20	—	—	2.020	—
活接头 DN32	个	4.60	—	—	—	2.020
位号牌	个	0.50	2.000	2.000	2.000	2.000
机械油 20～30#	kg	8.00	0.012	0.012	0.013	0.014
聚四氟乙烯生料带 d=20	m	0.50	3.000	4.000	6.000	8.000
焊接钢管 DN15	m	4.27	0.200	0.200	0.200	0.200
碳钢焊丝	kg	5.00	0.042	0.050	0.075	0.092
氧气	m^3	2.50	0.100	0.124	0.184	0.243
乙炔气	m^3	12.50	0.044	0.053	0.079	0.102
金属胀锚螺栓 M6×50	套	0.50	2.060	2.060	2.060	2.060
管子切断套丝机 Φ159	台班	22.03	0.100	0.100	0.110	0.120

第三部分　勘误

《河南省建设工程工程量清单综合单价（2008）》勘误表

C 安装工程

序号	页码及位置	误	正
一	安装专业各分册总说明		
1	总说明第 10 页，表 4 的续表，序号为 32 行	Σ([28]～[31])×税率	Σ([28]～[31])
二	C.2 电气设备安装工程		
1	第 250 页 2-351 子目 综合单价 材料费	 2159.43 1859.55	 409.94 110.06
2	第 251 页 2-351 子目材料表中： 木板 170×85×20 单价	 1750. 00	 0.51
三	C.5 静置设备与工艺金属结构制作安装工程		
1	第 723 页至第 728 页	5-1126～5-1133 子目的单位为“台”	5-1126～5-1133 子目的单位为“t”
四	C.6 工业管道工程		

序号	页码及位置	误	正
1	第394页的标题	“二、中压不锈钢管件(氩弧焊)安装”	“二、中压不锈钢管件(氩电联焊)安装”
2	第398页的标题	“三、中压不锈钢管件(氩电联焊)安装”	“三、中压不锈钢管件(氩弧焊)安装”
五	C.8给排水、采暖、燃气工程		
1	第9页倒数第1行 中压燃气管道 A 高压燃气管道 B	 0.02<P≤0.4 0.04<P≤0.8	 0.2<P≤0.4 0.4<P≤0.8
六	YC.14刷油、防腐蚀、绝热工程		
1	第6页第7行	D= $D$1×$D$2×(10～20mm)	D= $D$1+$D$2+(10～20mm)
2	第6页第13行	D'=$D$1×1.5$D$2×(10～20mm)	D'=$D$1+1.5$D$2+(10～20mm)
3	第6页第15行	D'=$D$1×D伴大×(10～20mm)	D'=$D$1+D伴大+(10～20mm)
4	第875页～第878页	14-2119～14-2127子目的 计量单位“$10m^3$”	14-2119～14-2127子目的 计量单位“m^3”

《河南省建设工程工程量清单综合单价（2008）》

D 市政工程综合解释汇编

第一部分　D 市政工程综合解释

第二部分　补充子目

第三部分　勘误

第一部分　D 市政工程综合解释

一、引用有关规范和定额的简称

1.《建设工程工程量清单计价规范》（GB 50500—2008）简称为《08 计价规范》

2.《河南省建设工程工程量清单综合单价（2008）》D　市政工程简称为《本综合单价》

3.《河南省统一施工机械台班费用定额（2008）》简称为《08 机械台班定额》

二、总说明

1.如何理解第十五条中“本综合单价各分部说明或附注中允许定额人工费、机械费乘以系数或增加工日、机械台班时，仅按说明调整人工费、机械费，其他费用均不得调整。”

答：按豫建标定〔2009〕1 号文执行，即：①在各分部说明或附注中涉及子目乘以系数、定额乘以系数或基价乘以系数的情况时，应理解为该子目的综合单价乘以系数，即不仅人工费、材料费、机械费作调整，管理费和利润也随着系数进行相应调整。②在各分部说明或附注中明确涉及人工、材料、机械乘以系数或增加工日、机械台班时，应理解为仅相应调整人工费、材料费、机械费，而管理费和利润不调整。

2.本综合单价中所有材料是否均可按实调整价格？定额材料消耗量也可以调整吗？

答：除了以金额“元”表示的其他材料外，所有以消耗量表示的材料，均可以按市场价格直接进入综合单价或者按市场价格调整与定额取定价的差价。

依据本综合单价编制招标控制价时，人工、材料和机械的定额消耗量不能调整（定额规定允许调整的除外）。

3.机械台班中的“燃料动力费”是否允许调整？

答：允许调整。

4.同一项目编码，当定额变通内容的计量单位与《08 计价规范》不一致时，编制工程量清单时以何为准？

答：二者均可。在编制同一工程的工程量清单时，同一编码的工程量只能选用一种计量单位。

5.实行工程量清单招投标和清单计价的工程如何考虑风险系数？

答：实行工程量清单招投标和清单计价的工程，招标人编制招标文件时，应根据总说明第二十五条要求，风险系数总体控制在造价 3%～5%的前提下，明确人工、材料和其他因素的风险系数（也可直接明确某种材料的风险系数）及计算方法。该风险系数均应计入招标控制价、投标报价的清单项目综合单价内。

6.零星借工（计日工）在合同中未作约定，如何定价？

答：零星借工（计日工）价格按合同约定执行。无约定者，可参考河南省建筑工程标准定额站发布的当期人工费信息价格并另计税金。

7.工程发生劳务分包时的费用如何计算？

答：由施工企业与劳务企业自行协商。

8.建设单位没有提供施工现场水、电源时，费用应如何计算？

答：本定额施工用水、电是按现场有水源、电源考虑的，施工用水以自来水为准。建设单位没有提供施工现场水、电源时，首先应按发承包双方施工合同的约定执行，未约定的，按经批准的实施方案计算,费用由建设单位承担。

9.施工沿线比较长的市政工程，应如何计算材料运输费？

答：本定额已包括离施工点 150m 的水平运距。若材料现场堆放地点或存放仓库离施工点距离＞150m

时，超出 150m（不含 150m）的运输费参相关定额子目计取或双方协商。

10.行车、行人干扰增加费如何计算？

答：按下表计算，列入措施费中：

序号	工程类别	计算基础	系数
1	改建、扩建的城市道路，在已通车的干道上修建的人行天桥工程	定额人工费+定额机械费	0.1
2	与改建、扩建的城市道路工程一起施工的给排水、燃气工程、路灯工程	定额人工费+定额机械费	0.05
3	在已通车的干道上修建的立交桥工程	定额人工费+定额机械费	0.05

注：1.行车、行人干扰增加费包括因干扰造成的降效及专设的指挥交通的人员等增加的费用。

2.封闭施工的工程不计取干扰费。

3.厂区、生活区、专用道路不计取干扰费。

11.施工垃圾清理及外运费如何计算？

答：在施工过程中产生的施工垃圾，由施工单位负责清理并运至建设现场 150m 内指定地点堆放。垃圾外运费用办理签证由建设单位承担。

12.编审投资估算指标、设计概算、施工图预算、工程招标标底、拦标价、竣工结算、投标报价是否按照河南省建筑工程标准定额站每季度发布的人工费指导价执行？

答：是。

三、各分部工程

D.1　土石方工程

1.机械挖路槽、沟槽土方中如需人工辅助开挖时怎样计算？

答：机械挖土按挖土方量的90%计算，人工挖土按挖土方量的10%计算且套相应定额乘以系数1.5。

2.人工挖沟槽一侧弃土时乘以系数1.13，那么其相应回填子目是否也乘以单侧系数1.13？

答：不能。

3.自卸汽车运土、石渣的运距超过定额范围如何计价？

答：超出定额部分双方协商解决。

4.装载机装石渣或建筑垃圾执行什么子目？

答：执行装载机装石渣、废渣补充子目。

5.P9“管沟底部每侧工作面宽度”表格中无塑料管道，如何计算？

答：借用金属管道每侧工作面宽度。

6.编制招标控制价或投标报价采用清单计价时，挖方是否考虑工作面和放坡？如考虑，怎样计算？

答：按D.1工程量计算规则第一条第6款第(5)项的规定计价。无论招标控制价、投标报价，凡应考虑开挖工作面和放坡的，所增加的工程量列入组价子目的工程量内。

7.填方及土石方运输工程量如何计算？是否考虑工作面和放坡？如考虑放坡和工作面增加的工程量所需的回填、运输费用如何计算？

答：填方及土石方运输按D.1工程量计算规则第三条第1、2、3、4款的规定计算。放坡和工作面增加的工程量所需的回填、运输费用列入组价子目的工程量内。

D.2　道路工程

1.现行设计的人行道块料、侧石（立缘石）、花砖、平石、花坛石、树池石等块料规格尺寸与定额中的规格尺寸不相符，如何进行换算。

答：可直接在综合单价子目中换算材料价格或统一将材料差价计入计价程序的差价栏内。

2.道路结构层中含有生石灰的定额子目是否均应计算“消解石灰”子目？

答：凡在道路结构层中含有生石灰的定额子目均应先计算出生石灰用量，再套用“消解石灰”子目。

3.道路工程中现场搅拌混凝土加工费3-275子目含场内运输距离是多少？如实际工程中的混凝土运输距离超过定额内包含的运输距离应怎么调整？

答：已包含150m内的场内运输。如实际工程中的混凝土运输距离超过定额内包含的运输距离应另计超出部分的运输费用。

4.道路工程中，沥青混凝土的搅拌费用如何计算？

答：应含在沥青混凝土半成品的材料费中。

5.道路工程中，沥青混合料应如何计价？如沥青混合料实行定点（炒拌厂）拌和，是否计算现场炒拌加工费？

答：道路工程中与沥青混合料相关的定额子目是按沥青混合料半成品材料编制的，包括送达施工现场指定地点的完全价格（包含材料费、炒拌费、运杂费、采购保管费、运输损耗等），计价时，可直接在综合单价子目中参照工程造价管理机构发布的市场指导价或另行协商的价格换算材料价格或统一将材料差价计入计价程序的差价栏内。

沥青混合料实行定点（炒拌厂）拌和时，其拌和费应含在半成品材料费中，不得另行计算炒拌加工费。

6.铺设块料面层采用混凝土垫层时应如何计算？定额如何套用？

答：执行补充子目。

7.沥青摊铺定额子目中是否包括碾压费用？

答：已包括。

8.道路铺设花岗岩侧缘石，遇到井或其他障碍物断开后，工程量如何计算？

答：应按实际铺设长度计算。

9.水泥混凝土路面在冬季施工，混凝土外加剂用量很大，应如何计算？

答:按相应定额执行。

10.厂拌水泥粉煤灰稳定碎石和厂拌级配碎石运输套何子目？

答：可套用水泥稳定碎石运输子目。

11.道路工程施工，甲方要求对回填土进行复测，发生的这项费用是否含在“检验试验费”中？

答：不包含。

12.2008 版定额中没有目前市政工程中常用的厂拌水泥粉煤灰稳定碎石和厂拌级配碎石子目，应如何计算？

答：执行补充子目。

D.3 桥涵护岸工程

1.预制大中型混凝土构件（如：混凝土箱型梁、T 形梁、大孔板）的场内、外运输,应如何计算？

答：执行预制构件运输补充子目。

2.D.3.4 砌筑分项中有块石墩台身和块石挡墙子目，墩台身和挡墙下毛石基础如何套用子目？

答：合并在墩台身或挡墙一并计算。

3.台背砂石回填如何套用子目？

答：执行 D.1.3 槽、坑回填砂补充子目。

4.预应力钢筋制作安装子目中的锚具单位“个”怎么理解，是否与张拉孔的个数一致？

答：预应力钢筋制作安装子目中的锚具是以 “个”为单位的，包含不同的孔数，材差调整以“个”为单位。

5.桥梁装饰工程中不规则墙面挂贴花岗岩应如何套用定额？

答：不规则的墙面（包括圆形、T 形、镶贴面积小于 $5m^2$、宽度小于 0.5m 等）镶贴块料饰面，按相应子目定额工日乘以系数 1.15 计算，材料机械消耗量不得调整。

6.凿除桩头，能否根据桩头的长度和桩径的大小不同而换算？

答：不能。

7.3-501 防撞墙不锈钢扶手及 3-502 不锈钢栏杆、扶手定额子目中，不锈钢管设计型号与定额不同时，是否可以换算？ 3-502 不锈钢管定额消耗量与设计用量不符时，能否换算？

答：定额子目中材料的设计型号、规格和消耗量与设计不同时均可以换算。

8.泥浆护壁的工程量如何计算？

答：根据设计要求，发生时配合泥浆制作子目计价，工程量按灌注桩水下混凝土体积计算。

9.桥涵护岸工程的混凝土定额中提升高度超过 8m 时如何计算超高费？

答：现浇混凝土子目提升高度超过 8m 的跨段，其超高段承台顶面以上的混凝土（不含泵送混凝土）、模板、钢筋套用子目时，按下表进行调整；陆上安装梁安装子目按下表进行调整，但起重机械规格不作调整。

项目	现浇混凝土			陆上安装梁	
	人工	10t 履带式起重机		人工	起重机械
提升高度	消耗量系数	消耗量系数	规格调整为	消耗量系数	消耗量系数
H≤15	1.02	1.01	15t 履带式起重机	1.10	1.25
H≤22	1.05	1.03	25t 履带式起重机	1.25	1.60
H＞22	1.10	1.06	40t 履带式起重机	1.50	2.00

10.桥梁工程中的钢绞线张拉工程量“按设计数量套用相应定额计算（损耗已包括在定额中）”，是否应将设计中的锚固长度计算在钢绞线的工程量中？

答：应将设计图中的锚固长度计算在钢绞线的工程量中。

11.桥面铺装沥青混凝土时如何套用定额？

答：如采用沥青混凝土铺装桥面时，800m^2 以内的按“道路工程”相应定额人工费、机械费乘以 1.5 系数，超过 800m^2 时按“道路工程”相应定额执行。

D.5　市政管网工程

1.管网工程中设计管材材质与定额中的材质不相符时如何套用定额子目？

答：补充子目有的套用补充子目；没有的可另行补充或协商。

2.沟槽回填中粗砂应如何套用子目？

答：执行槽、坑回填砂补充子目。

3.混凝土检查井应如何套用子目?

答：套非定型井相关子目。

4.沉井下沉当井深超过 12m，应如何计算?

答：沉井下沉深度超过 12m 且在 16m 以内的，可套用“沉井下沉 12m 以内”子目乘以系数 1.26 计算。

5.管网工程中套用定型井子目时，是否包含了预制盖板的场外运输费?

答：不包含。

6.管网工程中设计要求对检查井采取加固措施，在井口周围采用混凝土加固如何套用定额?

答：参照侧石混凝土垫层子目执行。

D.8 拆除工程

1.拆除后的工程废料，外运费用如何计算?

答：拆除后的废料，由施工单位负责清理并运至现场 150m 内指定地点就近堆放整齐。工程废料外输按运石渣相应子目乘 0.7 系数。

2.拆除路边石的混凝土基础或垫层，如何计算?

答：拆除路边石的基础或垫层，可参照拆除路面相应子目乘以 1.1 系数执行。

3.拆除人行道的混凝土基础垫层如何计算?

答：可参照拆除路面相应子目执行。

YD.9 路灯工程

1.路灯工程中根据设计要求漏电保护器安装在路灯底座上，应怎样套用定额?

答：套用安装定额中的“漏电开关”相应子目。

2.电缆保护管敷设项目设计的材质与定额不同时能否换算？

答：不能换算。

3.Y040905503 电缆井设置是否可按非定型井相应定额子目套用？

答：可以。

YD.10　措施项目

1.市政工程的二次搬运、夜间施工、冬雨季施工费用怎么计算？

答：可按下表计算，列入措施项目。

序号	费用名称	计费基数	费率
1	二次搬运费	分部分项定额人工费	1.5%
2	夜间施工措施费	分部分项定额人工费	2.5%
3	冬雨季施工措施费	分部分项定额人工费	2%

2.施工现场架设临时动力线如何计价？

答：执行补充子目。

3.沥青混凝土摊铺机如何计算场外运输费？

答：执行补充子目。

4.桥梁满堂支架，其支架下的垫层应如何计算？

答：依据经批准的施工方案且实际发生时可另按相应定额计算铺筑及拆除的费用。

5.满堂钢管支架的使用费是否列入税前计算？

答：是的。

6.陆上支架平台，不论实际是否发生，是否均可以计算？

答：陆上支架平台搭设属施工技术措施费，编制招标控制价时，须按定额规定计算。

第二部分　补充子目

说　明

1.竖井挖土方工程量按施工组织设计分别计算机械和人工挖土方量。无施工组织设计时可按机械挖土方90%、人工挖土方10%计算，人工挖土部分按相应定额项目乘系数2.0。

2.人行道板安砌整体浇捣混凝土垫层是按现场搅拌进行编制的。

3.预制构件运输指大中型混凝土预制构件的运输，包括场内及场外的运输距离。

工程量计算规则

1.竖井挖土方按设计结构外围水平投影面积乘以竖井高度以 m^3 计算，其竖井高度指实际自然地面标高至竖井底板下表面标高之差。

2.槽、坑回填砂按图示尺寸以 m^3 计算。

3.砂、碎石桩区分不同桩径按设计尺寸以"m^3"计算。

4.冷再生路面基层按设计图示尺寸以面积计算，不扣除各种井所占面积。

5.乳化沥青稀浆封层按设计图示尺寸以面积计算，不扣除各种井所占面积。

6.铣刨机铣刨沥青路面按设计图示尺寸以面积计算，不扣除各种井所占面积。

7.人行道板安砌整体浇捣混凝土垫层应按设计图示尺寸以面积计算，不扣除各种井所占面积，扣除0.3m^2以上构筑物等所占的面积计算。

8.预制构件运输按设计用量加运输损耗计算，场外运输损耗按1.5%，场内运输损耗按0.7%。

D.1.1 挖土方

040101004 竖井挖土方(m^3)

工作内容：1.竖井提升土方：土方由洞口提升至地面及地面人工配合。2.竖井挖土方：人工挖土方、土方提升等。

单位:$100m^3$

定额编号				1-B1	1-B2
项目				竖井提升土方	竖井挖土方
综合单价(元)				908.55	4025.64
其中	人工费(元)			322.50	2795.00
	材料费(元)			154.00	—
	机械费(元)			282.05	225.64
	管理费(元)			90.00	603.00
	利润(元)			60.00	402.00
名称		单位	单价(元)	数量	
综合工日		工日	43.00	(10.00)	(67.00)
定额工日		工日	43.00	7.500	65.000
井架使用费		元	1.00	154.000	—
电动卷扬机(双筒慢速) 50kN		台班	112.82	2.500	2.000

040101006 挖淤泥(m³)

工作内容：挖淤泥、流砂，堆放一边或装车，清理机下余土。

单位:1000m³

定额编号				1-B3	1-B4
项目				反铲挖掘机挖淤泥、流砂	
				不装车	装车
				深6m以内	
综合单价（元）				5311.16	6033.03
其中	人工费（元）			474.63	475.06
	材料费（元）			—	—
	机械费（元）			4530.11	5229.65
	管理费（元）			183.85	196.99
	利润（元）			122.57	131.33
名称		单位	单价(元)	数量	
综合工日		工日	43.00	(20.43)	(21.89)
定额工日		工日	43.00	11.038	11.048
履带式单斗挖掘机(液压) 斗容量1m³		台班	964.88	4.695	5.420

D.1.3 填方及土石方运输(040103)

040103001 填方(m^3)

工作内容：回填、平整、夯实、场内材料运输。

单位:$10m^3$

定额编号				1-B5
项目				槽、坑回填砂
综合单价(元)				1271.46
其中	人工费(元)			156.95
	材料费(元)			1041.40
	机械费(元)			18.36
	管理费(元)			32.85
	利润(元)			21.90
名称		单位	单价(元)	数量
综合工日		工日	43.00	(3.65)
定额工日		工日	43.00	3.650
砂子 中粗		m^3	80.00	12.890
水		m^3	4.05	0.790
其他材料费		元	1.00	7.000
夯实机(电动) 夯击20～62kg·m		台班	22.95	0.800

040103002　余方弃置(m^3)

工作内容：运土、卸土等操作过程。

单位:1000m^3

定额编号				1-B6	1-B7	1-B8	1-B9	1-B10
项目				自卸汽车(载重12t内)运土运距(km以内)				
				1	3	5	7	10
综合单价(元)				7061.67	11220.21	14201.80	17575.71	20400.38
其中	人工费(元)			—	—	—	—	—
	材料费(元)			—	—	—	—	—
	机械费(元)			6791.67	10791.21	13658.80	16903.71	19620.38
	管理费(元)			162.00	257.40	325.80	403.20	468.00
	利润(元)			108.00	171.60	217.20	268.80	312.00
名称		单位	单价(元)	数量				
综合工日		工日	43.00	(18.00)	(28.60)	(36.20)	(44.80)	(52.00)
自卸汽车 12t		台班	754.63	9.000	14.300	18.100	22.400	26.000

注：如运淤泥，按相应运距定额基价乘 1.25 的系数。

工作内容：运土、卸土等操作过程。

单位：1000m^3

定额编号				1-B11	1-B12	1-B13	1-B14	1-B15
项目				自卸汽车（载重12t内）运土运距（km以内）				
				13	16	20	25	30
综合单价（元）				25108.16	30679.03	37740.70	46685.49	54531.79
其中	人工费（元）			—	—	—	—	—
	材料费（元）			—	—	—	—	—
	机械费（元）			24148.16	29506.03	36297.70	44900.49	52446.79
	管理费（元）			576.00	703.80	865.80	1071.00	1251.00
	利润（元）			384.00	469.20	577.20	714.00	834.00
名称		单位	单价（元）	数量				
综合工日		工日	43.00	(64.00)	(78.20)	(96.20)	(119.00)	(139.00)
自卸汽车 12t		台班	754.63	32.000	39.100	48.100	59.500	69.500

注：如运淤泥，按相应运距定额基价乘1.25的系数。

工作内容：运土、卸土等操作过程。

单位:1000m³

定额编号				1-B16	1-B17	1-B18	1-B19	1-B20
项目				自卸汽车(载重15t内)运土运距(km以内)				
				1	3	5	7	10
综合单价(元)				7050.40	10910.49	13607.27	16691.82	19679.43
其中	人工费(元)			—	—	—	—	—
	材料费(元)			—	—	—	—	—
	机械费(元)			6810.40	10539.09	13144.07	16123.62	19009.53
	管理费(元)			144.00	222.84	277.92	340.92	401.94
	利润(元)			96.00	148.56	185.28	227.28	267.96
名称		单位	单价(元)	数量				
综合工日		工日	43.00	(16.00)	(24.76)	(30.88)	(37.88)	(44.66)
自卸汽车 15t		台班	851.30	8.000	12.380	15.440	18.940	22.330

注：如运淤泥，按相应运距定额基价乘1.25的系数。

工作内容：运土、卸土等操作过程。

单位:1000m³

定额编号				1-B21	1-B22	1-B23	1-B24	1-B25
项目				自卸汽车(载重15t内)运土运距(km以内)				
				13	16	20	25	30
综合单价(元)				23953.73	28994.77	34423.58	42372.90	50066.65
其中	人工费(元)			—	—	—	—	—
	材料费(元)			—	—	—	—	—
	机械费(元)			23138.33	28007.77	33251.78	40930.50	48362.35
	管理费(元)			489.24	592.20	703.08	865.44	1022.58
	利润(元)			326.16	394.80	468.72	576.96	681.72
名称		单位	单价(元)	数量				
综合工日		工日	43.00	(54.36)	(65.80)	(78.12)	(96.16)	(113.62)
自卸汽车 15t		台班	851.30	27.180	32.900	39.060	48.080	56.810

注：如运淤泥，按相应运距定额基价乘 1.25 的系数。

工作内容：装载机装石渣，清理机下余渣。

单位：$100m^3$

定额编号				1-B26	1-B27	1-B28
项目				装载机装石渣、废渣		人工装石渣、废渣
				斗容量$1m^3$以内	斗容量$1.5m^3$以内	
综合单价（元）				223.84	259.62	1244.10
其中	人工费（元）			33.54	33.54	922.35
	材料费（元）			—	—	—
	机械费（元）			173.12	208.90	—
	管理费（元）			10.31	10.31	193.05
	利润（元）			6.87	6.87	128.70
名称		单位	单价(元)	数量		
综合工日		工日	43.00	(1.15)	(1.15)	(21.45)
定额工日		工日	43.00	0.780	0.780	21.450
轮胎式装载机 斗容量$1m^3$		台班	474.30	0.365	—	—
轮胎式装载机 斗容量$1.5m^3$		台班	572.32	—	0.365	—

D.2.1　路基处理（040201）

040201009　砂、碎石桩(m^3)

工作内容：1.准备打桩机具，安拆卸桩架，移动打桩机及轨道，用钢管打桩孔，灌注混凝土（夯扩桩时夯出桩端扩大头），拔钢管、夯实，整平隆起土壤。2.按施工图放线定位，埋桩尖。3.振冲碎石桩：安、拆振冲器，振冲、填碎石，疏导泥浆，场内临时道路。

单位:10m^3

定额编号				2-B1	2-B2	2-B3
项目				振动砂石桩		振冲碎石桩
				桩径(mm)		
				500内	600内	800内
综合单价（元）				**3457.15**	**3942.32**	**2918.37**
其中	人工费（元）			789.48	947.29	645.43
	材料费（元）			1078.80	1202.10	907.20
	机械费（元）			745.07	829.12	739.63
	管理费（元）			432.72	494.26	321.08
	利润（元）			411.08	469.55	305.03
名称		单位	单价(元)	数量		
综合工日		工日	43.00	(21.64)	(24.71)	(16.05)
定额工日		工日	43.00	18.360	22.030	15.010

注：砂、石桩充盈系数为1.3，损耗为3%。实测砂石配合比及充盈系数不同时可以调整。

续表

单位：$10m^3$

定额编号			2-B1	2-B2	2-B3
项目			振动砂石桩		振冲碎石桩
			桩径(mm)		
			500内	600内	800内
名称	单位	单价(元)	数量		
碎石 20～40mm	m^3	50.00	12.910	12.910	—
碎石	m^3	50.00	—	—	13.390
砂子 中粗	m^3	80.00	2.330	2.330	—
钢管折旧费	元	1.00	106.500	159.600	—
其他材料费	元	1.00	140.400	210.600	237.700
履带式起重机 15t	台班	629.46	—	—	0.522
电动多级离心清水泵 Φ150扬程180m以外	台班	787.46	—	—	0.522
振动沉拔桩机 激振力 300kN	台班	661.52	0.819	—	—
振动沉拔桩机 激振力 400kN	台班	845.93	—	0.828	—
机动翻斗车 1t	台班	122.09	0.819	0.208	—
双锥反转出料混凝土搅拌机(电动) 500L	台班	126.12	0.819	0.819	—

D.2.2 道路基层（040202）

040202010 碎石（m^2）

工作内容： 装载机铲运料、上料、配运料、拌和，出料。

单位：$100m^2$

定额编号			2-B4	2-B5
项目			厂拌设备拌和级配碎石	
			厚度15cm	厚度每增减1cm
综合单价（元）			1459.47	95.95
其中	人工费（元）		85.57	5.59
	材料费（元）		1165.47	77.55
	机械费（元）		117.36	6.96
	管理费（元）		46.70	3.00
	利润（元）		44.37	2.85
名称	单位	单价（元）	数量	
综合工日	工日	43.00	(2.34)	(0.15)
定额工日	工日	43.00	1.990	0.130
碎石 10～20mm	m^3	50.00	22.602	1.506
水	m^3	4.05	1.900	0.100
其他材料费	元	1.00	27.670	1.845
稳定土拌和设备 250t/h	台班	1195.74	0.037	0.002
轮胎式装载机 斗容量$3m^3$	台班	913.97	0.080	0.005

040202014 水泥稳定碎(砾)石(m^2)

工作内容：放线、运料、上料、铺石灰、闷水、拌和机拌和、碾压、人工处理碾压不到之处、清除杂物。

单位：$100m^2$

定额编号				2-B6	2-B7
项目				拌和机拌和	
				水泥石灰粉煤灰砂砾石	
				(2：8：15：75)	
				厚度20cm	厚度每增减1cm
综合单价(元)				3090.29	161.92
其中	人工费(元)			604.15	34.40
	材料费(元)			1801.33	94.94
	机械费(元)			124.03	1.26
	管理费(元)			287.58	16.06
	利润(元)			273.20	15.26
名称		单位	单价(元)	数量	
综合工日		工日	43.00	(14.38)	(0.80)
定额工日		工日	43.00	14.050	0.800

续表　　　　　　　　　　　　　　　　　　　　　　　　　　　　单位:100m²

定　额　编　号			2-B6	2-B7
项　　　　目			拌和机拌和	
			水泥石灰粉煤灰砂砾石	
			(2 : 8 : 15 : 75)	
			厚度20cm	厚度每增减1cm
名　　称	单位	单价(元)	数　　量	
水	m^3	4.05	6.300	1.500
砂砾石	m^3	50.00	19.473	0.974
粉煤灰	kg	0.20	9.983	0.499
生石灰	t	150.00	3.461	0.173
水泥 42.5	t	320.00	0.857	0.043
其他材料费	元	1.00	6.780	0.360
光轮压路机(内燃) 15t(不加载)	台班	472.39	0.063	0.001
光轮压路机(内燃) 12t(不加载)	台班	393.11	0.072	0.002
稳定土拌和机 105kW	台班	680.10	0.097	—

工作内容：装载机铲运料、上料、配运料、拌和，出料。

单位：100m²

定额编号				2-B8	2-B9
项目				厂拌设备拌和水泥粉煤灰稳定碎石	
				（3.5：12：84.5）	
				厚度15cm	厚度每增减1cm
综合单价（元）				1888.96	124.79
其中	人工费（元）			85.57	5.59
	材料费（元）			1594.96	106.39
	机械费（元）			117.36	6.96
	管理费（元）			46.70	3.00
	利润（元）			44.37	2.85
名称		单位	单价(元)	数量	
综合工日		工日	43.00	(2.34)	(0.15)
定额工日		工日	43.00	1.990	0.130

续表

单位：100m²

定额编号			2-B8	2-B9
项目			厂拌设备拌和水泥粉煤灰稳定碎石 (3.5 : 12 : 84.5)	
			厚度15cm	厚度每增减1cm
名称	单位	单价(元)	数量	
碎石 10～20mm	m^3	50.00	19.099	1.273
粉煤灰	m^3	50.00	4.752	0.317
水	m^3	4.05	1.900	0.100
水泥 42.5	t	320.00	1.147	0.077
其他材料费	元	1.00	27.670	1.845
稳定土拌和设备 250t/h	台班	1195.74	0.037	0.002
轮胎式装载机 斗容量$3m^3$	台班	913.97	0.080	0.005

Y040202018　冷再生(m^2)

工作内容：破碎、辅料、加水、拌和；整形、找补、碾压、初期养护。

单位：$100m^2$

定额编号				2-B10	2-B11
项目				冷再生路面基层(水泥含量5%)	
				厚15cm	每增减1cm
综合单价(元)				1941.65	41.85
其中	人工费(元)			59.77	1.72
	材料费(元)			440.63	28.00
	机械费(元)			1372.45	9.91
	管理费(元)			35.28	1.14
	利润(元)			33.52	1.08
名称		单位	单价(元)	数量	
综合工日		工日	43.00	(1.76)	(0.06)
定额工日		工日	43.00	1.390	0.040

续表

单位:100m²

定额编号			2-B10	2-B11
项目			冷再生路面基层(水泥含量5%)	
			厚15cm	每增减1cm
名称	单位	单价(元)	数量	
水泥 32.5	t	280.00	1.500	0.100
水	m^3	4.05	4.600	—
其他材料费	元	1.00	2.000	0.001
冷再生机	台班	33266.64	0.035	—
平地机 150kW	台班	999.32	0.019	—
轮胎式装载机 斗容量$2m^3$	台班	675.34	0.008	—
洒水车 4000L	台班	398.43	0.026	—
洒水车 8000L	台班	464.56	0.037	0.002
载重汽车 6t	台班	382.51	0.112	0.005
光轮压路机(内燃) 15t(不加载)	台班	472.39	0.083	0.006
振动压路机 18t	台班	1059.04	0.070	0.004

工作内容：放样、清理基层、取料、运料、上料、摊铺、找平。

单位：$100m^2$

定额编号				2-B12	2-B13
项目				冷再生路面基层	
				另掺碎石	
				厚12cm	每增减1cm
综合单价（元）				1120.32	80.24
其中	人工费（元）			170.28	7.31
	材料费（元）			795.60	66.30
	机械费（元）			—	—
	管理费（元）			79.20	3.40
	利润（元）			75.24	3.23
名称		单位	单价(元)	数量	
综合工日		工日	43.00	(3.96)	(0.17)
定额工日		工日	43.00	3.960	0.170
碎石 ≤40mm 级配		m^3	50.00	15.912	1.326

D.2.3 道路面层(040203)

040203001 乳化沥青表面处治(m^2)

工作内容：清扫整理下承层；安设拆除熬油设备、熬油运油；沥青洒布车洒油；人工铺洒矿料；碾压，找补；初期养护。

单位：100m^2

定额编号				2-B14	2-B15	2-B16
项目				乳化沥青稀浆封层		
				ES-1	ES-2	ES-3
综合单价（元）				1264.61	1676.52	1813.01
其中	人工费（元）			24.51	27.09	27.52
	材料费（元）			1143.19	1541.66	1635.49
	机械费（元）			73.90	82.03	123.71
	管理费（元）			11.80	13.20	13.48
	利润（元）			11.21	12.54	12.81
名称		单位	单价(元)	数量		
综合工日		工日	43.00	(0.59)	(0.66)	(0.67)
定额工日		工日	43.00	0.570	0.630	0.640

续表

单位:100m²

定额编号			2-B14	2-B15	2-B16
项目			乳化沥青稀浆封层		
			ES-1	ES-2	ES-3
名称	单位	单价(元)	数量		
乳化沥青	kg	10.20	109.600	147.600	156.000
砂子 中粗	m^3	80.00	0.038	0.060	0.066
矿粉	吨	350.00	0.027	0.028	0.032
石屑	m^3	73.00	0.175	0.295	0.381
液态沥青运输车	台班	414.32	0.020	0.030	0.034
稀浆封层机 摊铺宽度2.5~3.5m	台班	2745.13	0.021	0.021	0.035
洒水车 4000L	台班	398.43	0.020	0.030	0.034

Y040201503　路面铣刨、混凝土垫层(m^2)

工作内容：铣刨沥青路面、清扫废渣。

单位：$1000m^2$

定额编号				2-B17	2-B18
项目				铣刨机铣刨沥青路面 每增1cm	人行道板安砌 整体浇捣混凝土垫层($100m^2$)
综合单价(元)				96.70	2755.00
其中	人工费(元)			17.20	566.74
	材料费(元)			—	1603.12
	机械费(元)			63.90	56.30
	管理费(元)			8.00	271.20
	利润(元)			7.60	257.64
名称		单位	单价(元)	数量	
综合工日		工日	43.00	(0.40)	(13.56)
定额工日		工日	43.00	0.400	13.180
现浇碎石混凝土 粒径≤40(32.5水泥) C10		m^3	156.72	—	10.100
水		m^3	4.05	—	5.000
路面铣刨机 LX50		台班	639.00	0.100	—
混凝土搅拌机 滚筒式500L		台班	126.12	—	0.380
混凝土振捣器 平板式		台班	12.89	—	0.650

040301007 机械成孔灌注桩(m)

工作内容：1.准备工作；2.装拆钻架、就位、移动；3.钻进、提钻、出渣、清孔；4.测量孔径、孔深等。

单位:m

定额编号				3-B1	3-B2	3-B3
项目				旋挖钻机钻孔H≤40m		
				Φ1500以内		
				一、二类土	三类土	四类土
综合单价（元）				**383.34**	**553.87**	**747.62**
其中	人工费（元）			43.73	103.07	138.80
	材料费（元）			3.72	3.83	3.91
	机械费（元）			301.21	365.23	494.78
	管理费（元）			20.40	48.08	64.78
	利润（元）			14.28	33.66	45.35
名称		单位	单价(元)	数量		
综合工日		工日	43.00	(1.02)	(2.40)	(3.24)
定额工日		工日	43.00	1.017	2.397	3.228

续表

单位:m

定额编号			3-B1	3-B2	3-B3
项目			旋挖钻机钻孔H≤40m		
			Φ1500以内		
			一、二类土	三类土	四类土
名称	单位	单价(元)	数量		
电焊条 Φ3.2	kg	3.85	0.019	0.049	0.068
水	m^3	4.05	0.865	0.865	0.865
铁件	kg	5.20	0.020	0.020	0.020
其他材料费	元	1.00	0.039	0.039	0.039
旋挖钻机 Φ1000	台班	4371.00	0.060	0.064	0.080
电动潜水泵 Φ100	台班	23.72	0.186	0.408	0.693
泥浆泵 Φ100	台班	183.80	0.186	0.408	0.693
交流弧焊机 32kV·A	台班	117.53	0.003	0.007	0.011

工作内容：1.准备工作；2.装拆钻架、就位、移动；3.钻进、提钻、出渣、清孔；4.测量孔径、孔深等。

单位:m

定额编号				3-B4	3-B5	3-B6
项目				旋挖钻机钻孔H≤80m		
				Φ2000以内		
				一、二类土	三类土	四类土
综合单价（元）				590.66	958.23	1512.17
其中	人工费（元）			63.98	150.33	202.96
	材料费（元）			6.51	7.32	7.71
	机械费（元）			469.41	681.31	1140.37
	管理费（元）			29.86	70.16	94.78
	利润（元）			20.90	49.11	66.35
名称		单位	单价(元)	数量		
综合工日		工日	43.00	(1.49)	(3.51)	(4.74)
定额工日		工日	43.00	1.488	3.496	4.720

续表

单位:m

定额编号			3-B4	3-B5	3-B6
项目			旋挖钻机钻孔H≤80m		
			Φ2000以内		
			一、二类土	三类土	四类土
名称	单位	单价(元)	数量		
电焊条 Φ3.2	kg	3.85	0.029	0.238	0.340
水	m^3	4.05	1.538	1.538	1.538
铁件	kg	5.20	0.020	0.020	0.020
其他材料费	元	1.00	0.069	0.069	0.069
旋挖钻机 Φ1000	台班	4371.00	0.082	0.100	0.166
电动潜水泵 Φ100	台班	23.72	0.532	1.170	1.988
泥浆泵 Φ100	台班	183.80	0.532	1.170	1.988
交流弧焊机 32kV·A	台班	117.53	0.005	0.012	0.019

Y040303503　预制构件运输(m^3)

工作内容：设置支架、装车绑扎、固定构件、袋装运行、调头、空回、增运。

单位：$10m^3$

定额编号				3-B7	3-B8	3-B9	3-B10	3-B11	3-B12
项目				平板拖车场外运输					
				10t以内		20t以内		20t以上	
				1km	每增1km	1km	每增1km	1km	每增1km
综合单价（元）				825.30	179.43	1317.15	229.82	1070.52	110.31
其中	人工费（元）			79.12	—	59.34	—	39.56	—
	材料费（元）			42.95	—	42.95	—	42.95	—
	机械费（元）			605.01	168.63	1114.06	219.02	915.41	100.71
	管理费（元）			65.48	7.20	67.20	7.20	48.40	6.40
	利润（元）			32.74	3.60	33.60	3.60	24.20	3.20
名称		单位	单价(元)	数量					
综合工日		工日	43.00	(3.27)	(0.36)	(3.36)	(0.36)	(2.42)	(0.32)
定额工日		工日	43.00	1.840	—	1.380	—	0.920	—

续表

单位：10m³

定额编号			3-B7	3-B8	3-B9	3-B10	3-B11	3-B12
项目			平板拖车场外运输					
			10t以内		20t以内		20t以上	
			1km	每增1km	1km	每增1km	1km	每增1km
名称	单位	单价(元)	数量					
垫木	m³	1600.00	0.019	—	0.019	—	0.019	—
锯材	m³	1650.00	0.006	—	0.006	—	0.006	—
圆钉 35mm以上	kg	5.30	0.500	—	0.500	—	0.500	—
平板拖车组 20t	台班	936.84	0.500	0.180	—	—	—	—
平板拖车组 30t	台班	1216.78	—	—	0.330	0.180	—	—
平板拖车组 40t	台班	1529.69	—	—	0.330	—	0.250	—
履带式起重机 15t	台班	629.46	0.217	—	0.330	—	0.250	0.160
履带式起重机 50t	台班	1502.47	—	—	—	—	0.250	—

D.5.1 管道铺设(040501)

040501002 混凝土管铺设(m)

2.排水工程

(1)平接(企口)式

工作内容：排管、下管、调直、找平、槽上搬运。

单位:100m

定额编号				5-B1	5-B2	5-B3
项目				平接(企口)式混凝土管铺设 人机配合下管 管径(以内)		
				2600	2800	3000
综合单价(元)				**21458.10**	**41816.44**	**52511.37**
其中	人工费(元)			4947.58	5614.94	6285.74
	材料费(元)			—	—	—
	机械费(元)			13673.00	32982.62	42623.04
	管理费(元)			1486.32	1686.08	1887.07
	利润(元)			1351.20	1532.80	1715.52
名称		单位	单价(元)	数量		
综合工日		工日	43.00	(135.12)	(153.28)	(171.55)
定额工日		工日	43.00	115.060	130.580	146.180

续表

单位:100m

定额编号			5-B1	5-B2	5-B3
项目			平接(企口)式混凝土管铺设		
			人机配合下管		
			管径(以内)		
			2600	2800	3000
名称	单位	单价(元)	数量		
钢筋混凝土管 Φ2600	m	3100.00	(99.00)	—	—
钢筋混凝土管 Φ2800	m	3600.00	—	(99.00)	—
钢筋混凝土管 Φ3000	m	3900.00	—	—	(99.00)
汽车式起重机 60t	台班	3610.84	—	—	11.533
汽车式起重机 40t	台班	1427.79	9.120	—	—
汽车式起重机 50t	台班	3124.53	—	10.320	—
载重汽车 12t	台班	715.99	0.910	1.030	—
载重汽车 15t	台班	849.28	—	—	1.153

(2)套箍式

工作内容：排管、下管、调直、找平、槽上搬运。

单位:100m

定额编号				5-B4	5-B5	5-B6
项目				套箍式混凝土管铺设		
				人机配合下管		
				管径(以内)		
				2600	2800	3000
综合单价(元)				**25497.87**	**48863.57**	**58503.83**
其中	人工费(元)			5841.98	6513.64	7189.17
	材料费(元)			—	—	—
	机械费(元)			16300.51	38610.67	49153.71
	管理费(元)			1757.58	1958.66	2160.95
	利润(元)			1597.80	1780.60	—
名称		单位	单价(元)	数量		
综合工日		工日	43.00	(159.78)	(178.06)	(196.45)
定额工日		工日	43.00	135.860	151.480	167.190

续表

单位:100m

定额编号			5-B4	5-B5	5-B6
项目			套箍式混凝土管铺设		
			人机配合下管		
			管径(以内)		
			2600	2800	3000
名称	单位	单价(元)	数量		
钢筋混凝土管 Φ2600	m	3100.00	(99.00)	—	—
钢筋混凝土管 Φ2800	m	3600.00	—	(99.00)	—
钢筋混凝土管 Φ3000	m	3900.00	—	—	(99.00)
汽车式起重机 60t	台班	3610.84	—	—	13.300
汽车式起重机 40t	台班	1427.79	10.870	—	—
汽车式起重机 50t	台班	3124.53	—	12.080	—
载重汽车 12t	台班	715.99	1.090	1.210	—
载重汽车 15t	台班	849.28	—	—	1.330

040501006 塑料管铺设（m）

1. 给水工程

(3)对接熔接

工作内容：管口切削、清洁端面、对口、熔接、升温、冷却等。

单位:100m

定额编号				5-B7	5-B8	5-B9	5-B10
项目				聚乙烯给水管道安装(对接熔接)			
				管外径(mm以内)			
				250	315	355	400
综合单价（元）				1207.84	1742.46	2364.50	3210.24
其中	人工费（元）			387.00	567.60	842.80	1057.80
	材料费（元）			10.80	12.15	13.94	19.31
	机械费（元）			588.56	838.08	1026.09	1514.01
	管理费（元）			140.12	205.38	304.73	391.69
	利润（元）			81.36	119.25	176.94	227.43
名称		单位	单价(元)	数量			
综合工日		工日	43.00	(9.04)	(13.25)	(19.66)	(25.27)
定额工日		工日	43.00	9.000	13.200	19.600	24.600

续表

单位:100m

定额编号			5-B7	5-B8	5-B9	5-B10
项目			聚乙烯给水管道安装(对接熔接)			
			管外径(mm以内)			
			250	315	355	400
名称	单位	单价(元)	数量			
聚氯乙烯管 中密度 Φ250	m	—	100.000	—	—	—
聚氯乙烯管 中密度 Φ315	m	—	—	100.000	—	—
聚氯乙烯管 中密度 Φ355	m	—	—	—	100.000	—
聚氯乙烯管 中密度 Φ400	m	—	—	—	—	100.000
三氯乙烯	kg	15.60	0.400	0.400	0.400	0.600
清洁棉布	kg	7.48	0.610	0.790	1.030	1.330
载重汽车 5t	台班	351.56	0.040	0.050	0.060	0.070
电熔管件熔接机	台班	150.00	3.830	5.470	6.700	8.930
汽车式起重机 8t	台班	499.66	—	—	—	0.300

工作内容：管口切削、清洁端面、对口、熔接、升温、冷却等。

单位:100m

定额编号				5-B11	5-B12	5-B13	5-B14
项目				聚乙烯给水管道安装(对接熔接)			
				管外径(mm以内)			
				450	500	560	630
综合单价（元）				4017.44	4820.95	5317.17	5812.72
其中	人工费（元）			1423.30	1655.50	1810.30	1960.80
	材料费（元）			22.38	26.26	27.56	28.92
	机械费（元）			1739.00	2168.99	2417.97	2672.48
	管理费（元）			526.85	613.80	671.46	727.88
	利润（元）			305.91	356.40	389.88	422.64
名称		单位	单价(元)	数量			
综合工日		工日	43.00	(33.99)	(39.60)	(43.32)	(46.96)
定额工日		工日	43.00	33.100	38.500	42.100	45.600

续表

单位:100m

定额编号			5-B11	5-B12	5-B13	5-B14
项目			聚乙烯给水管道安装(对接熔接)			
			管外径(mm以内)			
			450	500	560	630
名称	单位	单价(元)	数量			
聚氯乙烯管 中密度 Φ450	m	—	100.000	—	—	—
聚氯乙烯管 中密度 Φ500	m	—	—	100.000	—	—
聚氯乙烯管 中密度 Φ560	m	—	—	—	100.000	—
聚氯乙烯管 中密度 Φ630	m	—	—	—	—	100.000
三氯乙烯	kg	15.60	0.600	0.600	0.630	0.660
清洁棉布	kg	7.48	1.740	2.260	2.370	2.490
载重汽车 5t	台班	351.56	0.090	0.100	0.100	0.120
电熔管件熔接机	台班	150.00	10.050	12.560	14.020	15.470
汽车式起重机 8t	台班	499.66	0.400	0.500	0.560	0.620

(4)电熔管件熔接

工作内容：管口切削、上电熔管件、升温、熔接。

单位:100m

定额编号				5-B15	5-B16	5-B17	5-B18
项目				聚乙烯给水管道安装(电熔管件熔接)			
				管外径(mm以内)			
				250	315	355	400
综合单价(元)				1153.84	1593.96	2175.50	2973.99
其中	人工费(元)			352.60	473.00	722.40	907.30
	材料费(元)			10.80	12.15	13.94	19.31
	机械费(元)			588.56	838.08	1026.09	1514.01
	管理费(元)			127.72	171.28	261.33	337.44
	利润(元)			74.16	99.45	151.74	195.93
名称		单位	单价(元)	数量			
综合工日		工日	43.00	(8.24)	(11.05)	(16.86)	(21.77)
定额工日		工日	43.00	8.200	11.000	16.800	21.100
聚氯乙烯管 中密度 Φ250		m	—	100.000	—	—	—
聚氯乙烯管 中密度 Φ315		m	—	—	100.000	—	—

续表

单位:100m

定额编号			5-B15	5-B16	5-B17	5-B18
项目			聚乙烯给水管道安装(电熔管件熔接)			
			管外径(mm以内)			
			250	315	355	400
名称	单位	单价(元)	数量			
聚氯乙烯管 中密度 Φ355	m	—	—	—	100.000	—
聚氯乙烯管 中密度 Φ400	m	—	—	—	—	100.000
聚乙烯管件 中密度 Φ250	m	—	10.000	—	—	—
聚乙烯管件 中密度 Φ315	m	—	—	10.000	—	—
聚乙烯管件 中密度 Φ355	m	—	—	—	10.000	—
聚乙烯管件 中密度 Φ400	m	—	—	—	—	10.000
三氯乙烯	kg	15.60	0.400	0.400	0.400	0.600
清洁棉布	kg	7.48	0.610	0.790	1.030	1.330
载重汽车 5t	台班	351.56	0.040	0.050	0.060	0.070
电熔管件熔接机	台班	150.00	3.830	5.470	6.700	8.930
汽车式起重机 8t	台班	499.66	—	—	—	0.300

工作内容：管口切削、上电熔管件、升温、熔接。

单位:100m

定额编号				5-B19	5-B20	5-B21	5-B22
项目				聚乙烯给水管道安装(电熔管件熔接)			
				管外径(mm以内)			
				450	500	560	630
综合单价(元)				3700.19	4449.70	5078.99	5706.85
其中	人工费(元)			1221.20	1419.00	1655.50	1892.00
	材料费(元)			22.38	26.26	28.62	31.05
	机械费(元)			1739.00	2168.99	2421.48	2672.48
	管理费(元)			454.00	528.55	615.82	703.08
	利润(元)			263.61	306.90	357.57	408.24
名称		单位	单价(元)	数量			
综合工日		工日	43.00	(29.29)	(34.10)	(39.73)	(45.36)
定额工日		工日	43.00	28.400	33.000	38.500	44.000
聚氯乙烯管 中密度 Φ450		m	—	100.000	—	—	—
聚氯乙烯管 中密度 Φ500		m	—	—	100.000	—	—
聚氯乙烯管 中密度 Φ560		m	—	—	—	100.000	—
聚氯乙烯管 中密度 Φ630		m	—	—	—	—	100.000

续表

单位:100m

定额编号			5-B19	5-B20	5-B21	5-B22
项目			聚乙烯给水管道安装(电熔管件熔接)			
			管外径(mm以内)			
			450	500	560	630
名称	单位	单价(元)	数量			
聚乙烯管件 中密度 Φ450	m	—	10.000	—	—	—
聚乙烯管件 中密度 Φ500	m	—	—	10.000	—	—
聚乙烯管件 中密度 Φ560	m	—	—	—	10.000	—
聚乙烯管件 中密度 Φ630	m	—	—	—	—	10.000
三氯乙烯	kg	15.60	0.600	0.600	0.650	0.710
清洁棉布	kg	7.48	1.740	2.260	2.470	2.670
载重汽车 5t	台班	351.56	0.090	0.100	0.110	0.120
电熔管件熔接机	台班	150.00	10.050	12.560	14.020	15.470
汽车式起重机 8t	台班	499.66	0.400	0.500	0.560	0.620

YD. 10. 4　大型机械设备进出场及安拆费（Y04104）

Y041042　大型机械设备进出场费

工作内容：包括机械整体或分件自停放场地运至施工现场 25km 以内的全部费用。

单位:台次

定额编号				10-B1
项目				场外运输费 沥青混凝土摊铺机
综合单价（元）				2525.82
其中	人工费（元）			86.00
	材料费（元）			86.00
	机械费（元）			2166.58
	管理费（元）			108.72
	利润（元）			78.52
名称		单位	单价(元)	数量
综合工日		工日	43.00	(6.04)
定额工日		工日	43.00	2.000

续表

单位:台次

定额编号			10-B1
项目			场外运输费
			沥青混凝土摊铺机
名称	单位	单价(元)	数量
枕木	m^3	1500.00	0.020
镀锌铁丝 8#	kg	4.20	5.000
草袋	个	3.50	10.000
汽车式起重机 30t	台班	1032.12	1.000
载重汽车 8t	台班	451.54	0.680
平板拖车组 30t	台班	1216.78	0.680

YD.10.9 架设临时动力线（Y04109）

工作内容：挖坑、埋杆、架线、接头、运输、清理堆放等。

单位:1000m

定额编号				10-B2
项目				架设临时动力线
综合单价（元）				4026.64
其中	人工费（元）			48.59
	材料费（元）			3931.59
	机械费（元）			21.47
	管理费（元）			13.09
	利润（元）			11.90
名称		单位	单价(元)	数量
综合工日		工日	43.00	(1.19)
定额工日		工日	43.00	1.130

续表

单位:1000m

定额编号			10-B2
项目			架设临时动力线
名称	单位	单价(元)	数量
原木	m^3	1250.00	1.130
型钢	kg	3.80	36.000
铁件	kg	5.20	22.000
钢板 δ15以内	kg	4.13	20.000
橡皮线 BLX-1X35	m	3.38	630.600
其他材料费	元	1.00	53.860
载重汽车 5t	台班	351.56	0.030
汽车式起重机 5t	台班	364.10	0.030

第三部分　勘误

《河南省建设工程工程量清单综合单价（2008）》勘误表

D 市政工程

序号	页码及位置	误	正
1	P33 1-75 的计量单位	计量单位：1000m²	计量单位：10m²
2	P83 工程量计算规则二、3	混凝土、混合料运输按基层的设计体积计算	混凝土、混合料运输按相应子目消耗量体积计算
3	P87　工作内容	人工操作：放样、挖土、掺料改换……。机械操作：放样、机械挖土、掺料……	人工操作：放样、掺料改换……机械操作：放样、掺料……
4	P189　2-218 和 2-219 的项目名称	喷油量（10kg/m²）	喷油量（1kg/m²）
5	P237 2-316 的综合单价、工日	综合单价（元）　6356.57 人工费（元）　638.12 材料费（元）　5139.69 机械费（元）　— 管理费（元）　296.80 利润（元）　281.96 综合工日　（14.84） 定额工日　14.84	综合单价（元）　6198.31 人工费（元）　555.13 材料费（元）　5139.69 机械费（元）　— 管理费（元）　258.2 利润（元）　245.29 综合工日　（12.91） 定额工日　12.91

序号	页码及位置	误	正
6	P237 2-318 的综合单价、工日	综合单价（元） 11060.76 人工费（元） 853.55 材料费（元） 9433.06 机械费（元） — 管理费（元） 397.00 利润（元） 377.15 综合工日 （19.85） 定额工日 19.85	综合单价（元） 10849.20 人工费（元） 742.61 材料费（元） 9433.06 机械费（元） — 管理费（元） 345.4 利润（元） 328.13 综合工日 （17.270） 定额工日 17.270
7	P238 材料名称规格	光亮侧石 1000×40×13	光亮侧石 1000×400×130
8	P325 工程量计算规则二、3	商品混凝土运输、泵送费和现场搅拌混凝土加工费以混凝土构件的体积计算	商品混凝土运输、泵送费和现场搅拌混凝土加工费以相应子目混凝土消耗量体积计算
9	P578 3-502 综合单价、工日	综合单价（元） 25852.99 其中：人工费（元） 31.13 材料费（元） 24264.27 机械费（元） 1298.37 管理费（元） 152.48 利 润（元） 106.74 综合工日 （7.62） 定额工日 0.724	综合单价（元） 31266.64 其中：人工费（元） 3113.20 材料费（元） 24264.27 机械费（元） 1298.37 管理费（元） 1524.00 利 润（元） 1066.8 综合工日 （76.2） 定额工日 72.4

序号	页码及位置	误	正
10	P598　3-535 的材料	HYB—Ⅰ涂料 HYB—Ⅱ涂料	HYB—Ⅰ涂料（水泥渗透结晶防水涂料） HYB—Ⅱ涂料（水泥渗透结晶防水涂料）
11	P1355 5-1594 综合单价、工日	综合单价（元）　2340.51 其中：人工费（元）　20.90 材料费（元）　2309.40 机械费（元）　— 管理费（元）　5.35 利　润（元）　4.86 综合工日　（0.49） 定额工日　0.486	综合单价（元）　3620.59 其中：人工费（元）　880.9 材料费（元）　2309.4 机械费（元）　— 管理费（元）　225.39 利　润（元）　204.9 综合工日　（20.49） 定额工日　20.486
12	P1946 7-6 综合单价、工日	综合单价（元）　5193.84 其中：人工费（元）　886.23 材料费（元）　3372.24 机械费（元）　55.89 管理费（元）　481.62 利　润（元）　397.86 综合工日　（20.94） 定额工日　20.61	综合单价（元）　4703.31 其中：人工费（元）　638.08 材料费（元）　3372.24 机械费（元）　55.89 管理费（元）　348.89 利　润（元）　288.21 综合工日　（15.169） 定额工日　14.839

《河南省建设工程工程量清单综合单价（2008）》

E 园林绿化工程综合解释汇编

第一部分　E园林绿化工程综合解释

第二部分　补充子目

第三部分　勘误

第一部分　E 园林绿化工程综合解释

一、引用有关规范和定额的简称

1.《建设工程工程量清单计价规范》（GB 50500—2008）简称为《08 计价规范》。

2.《河南省建设工程工程量清单综合单价（2008）》E　园林绿化工程简称为《本综合单价》。

3.《河南省统一施工机械台班费用定额（2008）》简称为《08 机械台班定额》。

二、总说明

1.如何理解第十五条中“各分部说明或附注中允许定额人工费、机械费乘以系数或增加工日、机械台班时，仅调整人工费、机械费，其他费用均不得调整。”?

答：按豫建标定〔2009〕1 号文执行，即：①在各分部说明或附注中涉及子目乘以系数、定额乘以系数或基价乘以系数的情况时，应理解为综合单价乘以系数，即不仅人工费、材料费、机械费作调整，管理费和利润也随着系数进行相应调整。②在各分部说明或附注中明确涉及人工、材料、机械乘以系数或增加工日、机械台班时，应理解为仅相应调整人工费、材料费、机械费，而管理费和利润不调整。

2.本综合单价中所有材料是否均可按实调整价格？定额材料消耗量也可以调整吗？

答：除了以金额“元”表示的其他材料外，所有以消耗量表示的材料，均可以按市场价格直接进入综合单价或者按市场价格调整与定额取定价的差价。

依据《本综合单价》编制招标控制价时，人工、材料和机械的定额消耗量不能调整（定额规定允许调整的除外）。

3.机械台班中的“燃料动力费”是否允许调整？

答：允许调整。

4.同一项目编码，当定额变通内容的计量单位与《08计价规范》不一致时，编制工程量清单时以何为准？

答：二者均可。在编制同一工程的工程量清单时，同一编码的工程量只能选用一种计量单位。

5.零星借工（计日工）在合同中未作约定，如何定价？

答：零星借工（计日工）价格按合同约定执行。无约定者，可参考河南省建筑工程标准定额站发布的当期人工费信息价格，并另计税金。

6.工程发生劳务分包时的费用如何计算？

答：由施工企业与劳务企业自行协商。

7.苗木、花卉的运输损耗、采购保管费如何计算？能否按总说明表3中“其他材料”的费率和表3“注”的相关规定进行计算？

答：可按总说明第十三条计算，参考表3 材料运输损耗率、采购及保管费费率表中的其他材料相应费率执行。

8.现场搅拌混凝土时是否应增加搅拌费？

答：不能

9.建设单位没有提供施工现场水、电源时，费用应如何计算？

答：本定额施工用水源、电源是按现场有水、电考虑的，施工用水以自来水为准。建设单位没有提供施工现场水、电源时，首先应按发承包双方施工合同的约定执行，未约定的，按经批准的实施方案计算，费用由建设单位承担。

10.施工沿线比较长的园林绿化工程，应如何计算材料运输费？

答：本定额已包括离材料（成品、半成品）场内运距≤50m 的水平运距。运距超过此规定时可参相关定额子目计取或双方协商。

三、各分部工程

E.1　绿化工程

1.道路绿化工程与园区广场绿化工程相比，受外界影响因素大，苗木成活率要小的多，能否调整？

答：不能。

2.绿化工程的养护期包括哪些内容？费用如何计算？

答：养护期指招标文件中要求苗木栽植后承包人负责养护的时间；养护期发生的费用可按后期管理费相应子目执行，超过后期管理费期限所发生的费用双方约定。

3.“整理绿化地”子目是否包含筛土内容？

答：不包含。

4.在边坡（坡度大于 30°）起挖或栽植花草树木应如何计算？

答：在边坡（坡度大于 30°）起挖或栽植花草树木按相应定额项目人工费乘以系数 1.2 计算。

5.花草树木反季节的栽植、养护如何计算？

答：本定额未考虑花草树木反季节的栽植、养护，发生时按合同约定执行。

6.非适宜树种的栽植、养护如何计算？

答：本定额未考虑非适宜树种的栽植、养护，发生时按合同约定执行。

7.在整理绿化地时，用水满灌绿化土地一遍，以利于保墒和防止不均匀沉降。用水满灌绿化土地应如何计价？

答：首先应按发承包双方在施工合同或招投标文件的约定执行，未约定的，应按批准的施工组织设计方案或现场签证等有效计价依据计价。

8.在地下车库顶板上面进行园林绿化工程施工时的基地处理是否可以执行屋顶花园基层处理相应子目？

答：可以。

9.砍挖绿篱如何套用？

答：砍挖绿篱执行砍挖灌木丛相应子目。

10.清除草皮子目中人工铲草皮与除草怎么区分？

答：人工铲草皮系指将原有草坪铲除或绿化用地整理前的草皮铲除。除草系指绿化工程后期管理或养护期发生的。

11.施工现场周围有电线、建筑等设施时，为确保设施和施工安全所发生的机械配合（吊车、登高车）费用应如何计算？

答：首先应按发承包双方在施工合同或招投标文件的约定执行，约定不明确的，应依据批准的施工组织设计方案或现场签证等进行协商解决。(暂留，与其他专业对接后定)

12.街头制作立体花坛时如何计算？

答：按约定执行。无约定或约定不明确的，双方协商解决。

13.绿地喷灌管道安装定额子目中，是否考虑了安装三通、四通等管件费用？设计用量与定额不同时可否可以调整？

答：绿地喷灌管道安装定额子目中已综合考虑了三通、四通等管件费用。设计用量与定额不同可以调整。

E.2　园路、园桥、假山工程

1.人机配合堆筑土山丘如何执行子目？

答：执行补充定额。

E.3　园林景观工程

1.050306007 石浮雕定额采用何种雕刻方式？定额工日中雕刻用工是多少？实际雕刻方式与定额不同时如何换算？

答：050306007 石浮雕的雕刻方式是人工现场雕刻。雕刻定额工日如下：

定额编号	3-204	3-205	3-206	3-207
项　目	石　浮　雕			
	阴刻线	平浮雕	浅浮雕	高浮雕
雕刻定额工日	44.794	62.79	78.074	193.259

如购买成品石浮雕安装，扣减上表雕刻定额工日并调整管理费和利润，材料费可以调整材差也可以直接进入综合单价；050306007 石浮雕不适用现场机械雕刻。

2.050306008 石镌字定额采用什么雕刻方式？定额工日中雕刻用工是多少？实际雕刻方式与定额不同时如何换算？

答：050306008 石镌雕的雕刻方式是人工现场雕刻。雕刻定额工日如下：

定额编号	3-208	3-209	3-210	3-211	3-212	3-213	3-214	3-215	3-216
项　目	石镌字								
	阴文（凹字）（cm 以内）					阳文（凸字）（cm 以内）			
	50×50	30×30	15×15	10×10	5×5	50×50	30×30	15×15	10×10
雕刻定额工日	3.852	2.287	0.83	0.3480	0.12	6.471	3.74	1.375	0.570

如购买成品石镌字安装，扣减上表雕刻定额工日并调整管理费和利润，材料费可以调整材差也可以直接进入综合单价；050306008 石镌字不适用现场机械雕刻。

第二部分　补充子目

说明

1.土石方工程机械是按照通常采用的种类和规格综合取定的，除特殊注明外，不得换算。

2.推土机推土土层厚度小于 30cm 时，推土机台班用量乘以系数 1.25；推土机推土、重车上坡时如果坡度大于 5%时，其运距按坡度区斜长乘以下表中的系数计算。

坡度斜长系数表

坡度（%）	5~10	10~15	15~20	20~25
系数	1.75	2.0	2.25	2.5

3.机械挖土方深度按 5m 取定，如深度超过 5m 时，相应子目中的挖掘机台班数量乘以系数 1.09。

4.机械挖土方。单位工程土方量小 2000m^3 时，相应子目乘以系数 1.1。

5.机械挖土方子目，未考虑工作面和放坡应增加的费用。施工组织设计要求增加工作面和放坡时，增加土方工程量可依据本分部计算规则的相应规定计算。增加土方工程量的费用可考虑在综合单价内。

6.机械挖土方工程量，按机械挖土方 90%、人工挖土方 10%计算，人工挖土方部分执行相应子目人工乘以系数 2。

7.厚度平均 30cm 以内的就地挖填找平按整理绿化地处理；当厚度超过 30cm 时按微地形处理；当厚度超过 100cm 时，坡度 30%以内按堆筑土山丘处理。

8.遮阳棚搭设按单层遮阳网搭设考虑，如双层搭设，遮阳网材料据实换算，定额人工乘以系数 1.2。

9.苗木防寒防冻所用塑料薄膜材料均按单层覆盖，如实际采用不同时，塑料薄膜材料用量可以调整，其他不变。

工程量计算规则

1.2—B1 人机配合堆土山丘：按设计图示山丘水平投影外接矩形面积乘以高度的1/3以体积计算。堆筑土山丘形状过于复杂的，工程量也可以估算体积计算，并在工程量清单中进行描述（同人工堆筑土山丘）。

2.4—B1至4—B22土方工程应根据施工组织设计规定的堆土、卸土、取土区，并按下列规定计算：①推土机推土距离按挖方区重心至回填区重心之间的直线距离计算。②自卸汽车运土距离按挖方区重心至填土区（或堆放地点）重心的最短距离计算。

3.微坡地形土方堆置按设计图示微地形水平投影外接矩形面积乘以高度的1/3以体积计算。微地形形状过于复杂的，工程量也可以估算体积计算，并在工程量清单中进行描述。

4.遮阳棚搭设按所搭设荫棚的水平投影面积以平方米计算。

5.苗木防寒防冻按苗木种类分别以株、根计算。

E.2.2 堆塑假山(050202)

050202001 堆筑土山丘（m^3）

工作内容：堆筑、夯实、修整。

单位：$100m^3$

定额编号				2-B1
项目				人机配合堆土山丘
综合单价（元）				1371.06
其中	人工费（元）			616.62
	材料费（元）			—
	机械费（元）			378.99
	管理费（元）			240.29
	利润（元）			135.16
名称		单位	单价(元)	数量
综合工日		工日	43.00	(15.02)
定额工日		工日	43.00	14.340
履带式单斗挖掘机(液压) 斗容量$1.25m^3$		台班	1082.26	0.145
轮胎式装载机 斗容量$1.5m^3$		台班	572.32	0.388

工作内容：50m内取土、运土、堆筑、铺土、夯实、放坡、修整、清理。

单位：$100m^3$

定额编号				2-B2	2-B3	2-B4	2-B5
项目				微坡地形土方堆置			
				坡顶与坡底高差（cm以内）			
				40	60	80	100
综合单价（元）				**1490.04**	**1357.44**	**1277.88**	**1235.04**
其中	人工费（元）			806.25	722.40	672.09	645.00
	材料费（元）			—	—	—	—
	机械费（元）			206.04	206.04	206.04	206.04
	管理费（元）			305.76	274.56	255.84	245.76
	利润（元）			171.99	154.44	143.91	138.24
名称		单位	单价(元)	数量			
综合工日		工日	43.00	(19.11)	(17.16)	(15.99)	(15.36)
定额工日		工日	43.00	18.750	16.800	15.630	15.000
轮胎式装载机 斗容量$1.5m^3$		台班	572.32	0.360	0.360	0.360	0.360

YE.4.1 土方工程(Y050401)

1.机械挖土方

工作内容：1.挖土、将土堆放在一起。2.清理机下余土。3.工作面内的排水。4.修理边坡。

单位:1000m³

定额编号		4-B1	4-B2	4-B3	4-B4
项目		机械挖土		机械挖土汽车运1km	
		一般土	砂砾坚土	一般土	砂砾坚土
综合单价(元)		2533.55	3090.16	9483.18	10402.31
其中	人工费(元)	144.48	144.48	157.38	157.38
	材料费(元)	—	—	34.83	34.83
	机械费(元)	2249.22	2786.17	8909.60	9791.15
	管理费(元)	71.15	81.15	194.03	213.15
	利润(元)	68.70	78.36	187.34	205.80

续表

单位:1000m³

定额编号			4-B1	4-B2	4-B3	4-B4
项目			机械挖土		机械挖土汽车运1km	
			一般土	砂砾坚土	一般土	砂砾坚土
名称	单位	单价(元)	数量			
综合工日	工日	43.00	(8.18)	(9.33)	(22.30)	(24.50)
定额工日	工日	43.00	3.360	3.360	3.660	3.660
水	m³	4.05	—	—	8.600	8.600
履带式单斗挖掘机(液压) 斗容量1m³	台班	964.88	2.190	2.713	2.420	2.998
履带式推土机 75kW	台班	621.59	0.219	0.271	2.181	2.702
自卸汽车 (综合)	台班	560.22	—	—	9.010	9.010
洒水车 4000L	台班	398.43	—	—	0.430	0.430

单位:1000m³

定额编号				4-B5	4-B6	4-B7
项目				推土机推土		
				运距20m以内		
				一般土	砂砾坚土	每增10m
综合单价(元)				2189.19	2732.83	721.37
其中	人工费(元)			189.20	189.20	—
	材料费(元)			—	—	—
	机械费(元)			1824.37	2339.66	683.75
	管理费(元)			89.35	103.77	19.14
	利润(元)			86.27	100.20	18.48
名称		单位	单价(元)	数量		
综合工日		工日	43.00	(10.27)	(11.93)	(2.20)
定额工日		工日	43.00	4.400	4.400	—
履带式推土机 75kW		台班	621.59	2.935	3.764	1.100

2. 机械运土方

工作内容：装土、运土、卸土、平整。

单位：1000m³

定额编号				4-B8	4-B9	4-B10	4-B11	4-B12
项目				自卸汽车运土1km内		自卸汽车运土	装载机装运土方	
				人工装土	装载机装土	运距每增加1km	运距20m内	运距每增加20m
综合单价（元）				13712.57	6922.87	1628.04	1636.37	353.15
其中	人工费（元）			5936.58	227.90	—	227.90	—
	材料费（元）			34.83	34.83	—	—	—
	机械费（元）			5218.91	6366.71	1579.82	1265.52	339.13
	管理费（元）			1283.25	149.29	24.53	72.73	7.13
	利润（元）			1239.00	144.14	23.69	70.22	6.89
名称		单位	单价（元）	数量				
综合工日		工日	43.00	(147.50)	(17.16)	(2.82)	(8.36)	(0.82)
定额工日		工日	43.00	138.060	5.300	—	5.300	—
水		m³	4.05	8.600	8.600	—	—	—
轮胎式装载机 斗容量0.5m³		台班	413.57	—	—	—	3.060	0.820
自卸汽车（综合）		台班	560.22	9.010	9.010	2.820	—	—
洒水车 4000L		台班	398.43	0.430	0.430	—	—	—
轮胎式装载机 斗容量1m³		台班	474.30	—	2.420	—	—	—

单位：$100m^3$

定额编号				4-B13	4-B14	4-B15	4-B16
项目				翻斗车运土			
				运距（m）			
				100以内	200以内	400以内	600以内
综合单价（元）				**1834.73**	**1868.79**	**1884.85**	**1894.37**
其中	人工费（元）			752.50	645.00	554.70	490.20
	材料费（元）			—	—	—	—
	机械费（元）			744.75	903.47	1025.56	1111.02
	管理费（元）			172.28	163.52	155.49	149.65
	利润（元）			165.20	156.80	149.10	143.50
名称		单位	单价(元)	数量			
综合工日		工日	43.00	(23.60)	(22.40)	(21.30)	(20.50)
定额工日		工日	43.00	17.500	15.000	12.900	11.400
机动翻斗车 1t		台班	122.09	6.100	7.400	8.400	9.100

单位：$100m^3$

定额编号				4-B17	4-B18	4-B19	4-B20
项目				翻斗车运土			
				运距（m）			
				900以内	1200以内	1600以内	2000以内
综合单价（元）				**1992.61**	**2151.01**	**2325.57**	**2568.33**
其中	人工费（元）			430.86	365.50	322.50	279.50
	材料费（元）			—	—	—	—
	机械费（元）			1269.74	1489.50	1697.05	1965.65
	管理费（元）			149.07	151.11	156.22	164.98
	利润（元）			142.94	144.90	149.80	158.20
名称		单位	单价(元)	数量			
综合工日		工日	43.00	(20.42)	(20.70)	(21.40)	(22.60)
定额工日		工日	43.00	10.020	8.500	7.500	6.500
机动翻斗车 1t		台班	122.09	10.400	12.200	13.900	16.100

Y050401003　挖淤泥、流砂(m^3)

工作内容：挖淤泥、流砂，弃淤泥、流砂。

单位：$1000m^3$

定额编号				4-B21	4-B22
项目				机械挖淤泥、流砂 深度（m） 6m以内	机械挖淤泥、流砂 深度（m） 6m以上
综合单价（元）				5941.12	6787.71
其中	人工费（元）			1895.01	2165.05
	材料费（元）			—	—
	机械费（元）			3415.91	3902.65
	管理费（元）			321.71	367.56
	利润（元）			308.49	352.45
名称		单位	单价(元)	数量	
综合工日		工日	43.00	(44.07)	(50.35)
定额工日		工日	43.00	44.070	50.350
抓铲挖掘机 $0.5m^3$		台班	291.46	11.720	13.390

YE.10.6 遮阳棚搭设(Y05106)

工作内容：搭拆遮阳棚，材料场内堆放，清理场地。

单位：10m²

定额编号			10-B1	10-B2	10-B3
项目			遮阳棚搭设		
			遮阳棚高度（m）		
			≤1	≤3	≤5
综合单价（元）			48.24	80.10	63.82
其中	人工费（元）		12.30	20.94	30.66
	材料费（元）		30.22	49.42	18.90
	机械费（元）		—	—	—
	管理费（元）		3.43	5.84	8.56
	利润（元）		2.29	3.90	5.70
名称	单位	单价(元)	数量		
综合工日	工日	43.00	(0.29)	(0.49)	(0.71)
定额工日	工日	43.00	0.286	0.487	0.713
遮阳网	m²	1.80	10.500	10.500	10.500
竹梢 长12m	根	2.00	3.200	—	—
竹梢 长5m	根	8.00	—	3.200	—
镀锌铁丝 12#	kg	4.60	1.070	1.070	—

注：遮阳棚搭设高度≤5m 的钢管及扣件另附。

YE.10.7 苗木防寒防冻(Y05107)

工作内容：绕草绳、包塑料薄膜、材料运输、清理场地。

单位:10m²

定额编号				10-B4	10-B5	10-B6	10-B7	10-B8	10-B9
项目				乔灌木防寒防冻					
				树干胸径（cm以内）					
				5	10	15	20	25	30
综合单价（元）				8.10	9.34	11.21	12.44	14.31	15.55
其中	人工费（元）			4.30	4.73	5.59	6.02	6.88	7.31
	材料费（元）			1.75	2.35	2.95	3.55	4.15	4.75
	机械费（元）			—	—	—	—	—	—
	管理费（元）			1.15	1.27	1.50	1.61	1.84	1.96
	利润（元）			0.90	0.99	1.17	1.26	1.44	1.53
名称		单位	单价(元)	数量					
综合工日		工日	43.00	(0.10)	(0.11)	(0.13)	(0.14)	(0.16)	(0.17)
定额工日		工日	43.00	0.100	0.110	0.130	0.140	0.160	0.170
塑料薄膜 0.2mm		m²	1.00	1.330	1.510	1.690	1.870	2.050	2.230
草绳		kg	0.42	1.000	2.000	3.000	4.000	5.000	6.000

工作内容：绕草绳、包塑料薄膜、材料运输、清理场地。

单位:10根

定额编号				10-B10	10-B11	10-B12	10-B13
项目				竹类防寒防冻			
				树干胸径（cm以内）			
				5	10	15	20
综合单价（元）				7.85	8.78	10.26	11.29
其中	人工费（元）			4.30	4.73	5.59	6.02
	材料费（元）			1.50	1.79	2.00	2.40
	机械费（元）			—	—	—	—
	管理费（元）			1.15	1.27	1.50	1.61
	利润（元）			0.90	0.99	1.17	1.26
名称		单位	单价(元)	数量			
综合工日		工日	43.00	(0.10)	(0.11)	(0.13)	(0.14)
定额工日		工日	43.00	0.100	0.110	0.130	0.140
塑料薄膜 0.2mm		m^2	1.00	1.500	1.790	2.000	2.400

第三部分　勘误

《河南省建设工程工程量清单综合单价（2008）》勘误表

E　园林绿化工程

序号	页码及位置	误	正
1	总说明 P2 第七条	……。以“501”列编的……	……。以“501”开始列编的……
2	E.1 绿化工程说明 P5 第二十三条	…… 。不列入措施费。	……。把“不列入措施费。”取消
3	P11　项目	伐树	人工伐树
4	P12　项目	挖树根	人工挖树根
5	P13　项目	砍挖灌木丛	人工砍挖灌木丛
6	P14　项目	砍挖灌木丛	人工砍挖灌木丛
7	P43 1-104 项目名称	丛生竹	散生竹
8	P56 1-148 的材料	缺少：未计价材料名称、单位和消耗量	增加：攀缘植物（3 年生）　株　（100.00）
9	P56 1-149 的材料	缺少：未计价材料名称、单位和消耗量	增加：攀缘植物（4 年生）　株　（100.00）

序号	页码及位置	误	正
10	P56 1-150 的材料	缺少：未计价材料名称、单位和消耗量	增加：攀缘植物（5 年生） 株 （100.00）
11	P56 1-151 的材料	缺少：未计价材料名称、单位和消耗量	增加：攀缘植物（6～8 年生） 株 （100.00）
12	P59 1-157 的材料	缺少：未计价材料名称、单位和消耗量	增加：色块植物（16 株以内/m^2）（花灌木、普通花坛）m^2（10.00）
13	P59 1-158 的材料	缺少：未计价材料名称、单位和消耗量	增加：色块植物（25 株以内/m^2）（花灌木、普通花坛）m^2（10.00）
14	P59 1-159 的材料	缺少：未计价材料名称、单位和消耗量	增加：色块植物（36 株以内/m^2）（花灌木、普通花坛）m^2（10.00）
15	P60 1-160 的材料	缺少：未计价材料名称、单位和消耗量	增加：色块植物（49 株以内/m^2）（花灌木、普通花坛）m^2（10.00）
16	P60 1-161 的材料	缺少：未计价材料名称、单位和消耗量	增加：色块植物（64 株以内/m^2）（花灌木、普通花坛）m^2（10.00）
17	P60 1-162 的材料	缺少：未计价材料名称、单位和消耗量	增加：色块植物（81 株以内/m^2）（花灌木、普通花坛）m^2（10.00）
18	P61 1-163 的材料	缺少：未计价材料名称、单位和消耗量	增加：色块植物（16 株以内/m^2）（花灌木、彩纹图案花坛） m^2（10.00）

序号	页码及位置	误	正
19	P61 1-164 的材料	缺少：未计价材料名称、单位和消耗量	增加：色块植物（25 株以内/ m^2）（花灌木、彩纹图案花坛） m^2（10.00）
20	P61 1-165 的材料	缺少：未计价材料名称、单位和消耗量	增加：色块植物（36 株以内/ m^2）（花灌木、彩纹图案花坛）m^2（10.00）
21	P62 1-166 的材料	缺少：未计价材料名称、单位和消耗量	增加：色块植物（49 株以内/ m^2）（花灌木、彩纹图案花坛）m^2（10.00）
22	P62 1-167 的材料	缺少：未计价材料名称、单位和消耗量	增加：色块植物（64 株以内/ m^2）（花灌木、彩纹图案花坛）m^2（10.00）
23	P62　1-168 的材料	缺少：未计价材料名称、单位和消耗量	增加：色块植物（81 株以内/ m^2）（花灌木、彩纹图案花坛）m^2（10.00）
24	P93　1-257 项目	厚度 0.4cm(10m^2)	厚度 0.4m（10 m^2）
26	P671 序号 468 竹梢	长 12m	长 1.2m
27	P771 Y050102016 客土	计量单位：株	计量单位：株（m、m^2）